河南知识产权年鉴

2016

HENAN ZHISHI CHANQUAN NIANJIAN 2016

河南省知识产权局　编

河南科学技术出版社

·郑州·

图书在版编目（CIP）数据

河南知识产权年鉴．2016/河南省知识产权局编．—郑州：河南科学技术出版社，2018.2

ISBN 978-7-5349-9088-5

Ⅰ．①河…　Ⅱ．①河…　Ⅲ．①知识产权-工作-河南-2016-年鉴　Ⅳ．①D927.610.34-54

中国版本图书馆 CIP 数据核字（2018）第 034639 号

出版发行：河南科学技术出版社
地址：郑州市经五路 66 号　　邮编：450002
电话：（0371）65737028　65788870
网址：www.hnstp.cn
策划编辑：司　芳
责任编辑：郭亚婷
责任校对：司　芳
封面设计：张　伟
责任印制：张　巍
印　　刷：河南瑞之光印刷股份有限公司
经　　销：全国新华书店
幅面尺寸：185 mm×260 mm　　印张：14.75　　字数：220 千字
版　　次：2018 年 2 月第 1 版　　2018 年 2 月第 1 次印刷
定　　价：128.00 元

编 写 说 明

一、《河南知识产权年鉴》是反映河南省知识产权（专利）工作基本情况的资料性工具书。每年一卷，本卷为第 1 卷，反映 2016 年度河南省知识产权（专利）工作情况。

二、《河南知识产权年鉴》采用分类编纂法，本卷由“知识产权政策法规”“知识产权重大项目”“专利创造”“专利运用”“专利保护”“专利管理”“专利服务”“宣传培训”“大事记”“附录”等十个栏目组成。

三、《河南知识产权年鉴》的编纂工作是一项政策性、科学性、技术性很强的工作，材料系统、真实、准确、完整、客观，标题层次分明，序号前后统一。

四、《河南知识产权年鉴》的编纂工作得到了全省各地、各部门的重视和支持，稿件由河南省知识产权局各处室、各省辖市知识产权局、省直管县（市）知识产权局和各相关单位提供。

编辑部地址：郑州市花园路 27 号 2 号楼河南省知识产权局办公室

邮政编码：450003

电话：0371－65925383　　传真：0371－65938245

电子信箱：hnzscqnj@ 126. com

重要活动

2016 年 3 月 2 日，河南省知识产权局长会议在信阳召开

2016 年 3 月 2 日，河南省知识产权局开展大别山党性教育活动

2016 年 4 月 20 日，河南省知识产权宣传周开幕式在郑州大学举行

2016 年 6 月 1 日，河南省县处级领导干部知识产权战略研究班在北京举办

2016 年 6 月 14 日，吴灯展副局长到郑州高新区外国语小学参观学生创意作品

2016 年 7 月 6 日，河南省知识产权局参加科技厅系统庆祝中国共产党成立 95 周年歌咏比赛并获一等奖

2016 年 7 月 7 日，河南省知识产权局局长座谈会在郑州召开

2016 年 8 月 1 日，河南省知识产权局召开庆“八一”转业军人干部座谈会

2016 年 8 月 25~28 日，刘怀章局长带队前往新疆哈密地区开展援疆工作，河南省知识产权局与哈密地区行政公署签署了对口协作协议

2016 年 9 月 8 日，全国知识产权服务品牌机构“牵手河南 · 服务强省”行动在郑州举行

2016 年 9 月 13 日，审协河南中心与河南省知识产权局签订知识产权服务合作协议

2016 年 9 月 13 日，国家知识产权局廖涛副局长出席“知识产权走基层，服务经济万里行”河南站活动启动仪式

2016 年 9 月 13 日，全国地方知识产权战略实施工作会在郑州召开，国家知识产权局廖涛副局长出席会议并做重要讲话

2016 年 9 月 27 日，河南省高校知识产权综合能力提升研讨培训班在中原工学院举办

2016 年 10 月 15 日，知识产权强省论坛在郑州召开

2016 年 10 月 19 日，知识产权强国建设巡讲培训班在郑州举办

2016年10月27日，刘怀章局长赴商丘调研知识产权工作

2016年11月22日，刘怀章局长考察第十届专利周河南地区活动主会场，参观园区创意产业研发中心

2016 年 12 月 14 日，河南省知识产权局副局长韩平调研考察濮东产业集聚区专利导航产业发展实验区建设进展情况和企业知识产权保护工作

2016 年 12 月 17 日，徐济超副省长等在审协河南中心新址调研

2016 年 12 月 23 日，河南省专利导航产业发展实验区工作推进研讨培训班在郑州举办

2016 年 12 月 29 日，徐济超副省长陪同来访的国家知识产权局申长雨局长调研审协河南中心

2016 年，河南省知识产权局举办趣味运动会

目　　录

知识产权政策法规

河南省人民政府办公厅
关于建立河南省知识产权战略实施
工作联席会议制度的通知

豫政办文〔2016〕54号

各省辖市、省直管县（市）人民政府，省人民政府各部门：

为深入实施知识产权战略，加快知识产权强省建设，省人民政府决定建立河南省知识产权战略实施工作联席会议（以下简称联席会议）制度。现将有关事项通知如下：

一、联席会议主要职责

在省人民政府领导下，统筹协调我省知识产权战略实施和知识产权强省工作。研究实施我省知识产权战略和加强知识产权强省建设的重大方针政策，制定我省知识产权战略实施计划和强省实施方案；指导、督促、检查有关政策落实；协调解决我省知识产权战略实施和知识产权强省建设中的重大问题；完成省人民政府交办的其他事项。

二、联席会议成员单位

联席会议由省知识产权局、省委宣传部、省法院、检察院、发展改革委、教育厅、科技厅、工业和信息化委、公安厅、司法厅、财政厅、人力资源社会保障厅、环保厅、农业厅、林业厅、商务厅、文化厅、卫生计生委、人行郑州中心支行、省人民政府外侨办、国资委、郑州海关、省工商局、质监局、新闻出版广电局（版权局）、统计局、省人民政府法制办、省食品药品监督局、国防科工局、省人民政府发展研究中心、省科学院、农科院、社科院、贸促会共34个部门和单位组成，省知识产权局为牵头单位。

省人民政府分管知识产权工作的领导同志担任联席会议召集人，协助分管知识产权工作的省人民政府副秘书长、省知识产权局主要负责同志担任副召集人，各成员单位有关负责同志为联席会议成员（名单附后）。联席会议可根据工作需要，邀请其他相关部门参加。联席会议成员因工作变动需要调整的，由所在单位提出，报联席会议确定。

联席会议下设办公室，办公室设在省知识产权局，承担联席会议日常工作。省知识产权局主要负责同志兼任办公室主任，分管负责同志兼任办公室副主任。联席会议设联络员，由各成员单位有关处室负责同志担任，联络员同时作为办公室成员参与具体工作。联络员需要调整的，由所在单位提出，报省知识产权局备案。

三、联席会议工作规则

联席会议根据工作需要定期或不定期召开全体会议或由相关成员单位参加的专题会议，由召集人或召集人委托的副召集人主持。成员单位根据工作需要可以提出召开会议的建议。在全体会议和专题会议之前，由联席会议办公室主任或主任委托的副主任主持召开联络员会议，研究讨论联席会议议题和需提交联席会议议定的事项及其他有关事项。联席会议以会议纪要形式明确会议议定事项，印发有关方面并报省人民政府，重大事项按程序报批。

四、工作要求

各成员单位要按照职责分工，深入研究河南省知识产权战略实施和知识产权强省建设工作中的有关问题，制定配套政策措施或提出建议，认真落实联席会议确定的工作任务和议定事项。要互通信息、密切配合、相互支持、形成合力，充分发挥联席会议作用，形成高效运行的长效工作机制。联席会议办公室要及时向各成员单位通报有关情况。

河南省人民政府办公厅
2016 年 8 月 2 日

附件

河南省知识产权战略实施工作联席会议成员名单

召 集 人：徐济超（副省长）

副召集人：黄布毅（省人民政府副秘书长）

刘怀章（省知识产权局局长）

成　　员：王　庆（省委宣传部副部长）

史小红（省法院副院长）

胡广政（省检察院副巡视员）

刘　伟（省发展改革委副主任）

訾新建（省教育厅副厅长）

马　刚（省科技厅副厅长）

吴庆格（省工业和信息化委总工程师）

吕宏跃（省公安厅副厅长）

刘帮胜（省司法厅副巡视员）

梁太祥（省财政厅副厅长）

王长钦（省人力资源社会保障厅副巡视员）

宋丽英（省环保厅副厅长）

陈金剑（省农业厅副厅长）

秦群立（省林业厅副厅长）

高章法（省商务厅副厅长）

曲　径（省文化厅副厅长）

黄　玮（省卫生计生委副主任）

朱培玉（人行郑州中心支行副行长）

王自文（省人民政府外侨办副主任）

赵连生（省人民政府国资委副主任）

丁吉豹（郑州海关副关长）

李明申（省工商局副局长）

贾国印（省质监局副局长）

赵　艳（省新闻出版广电局副局长）

赵德友（省统计局副局长）

侯学功（省人民政府法制办副主任）

孙晓灿（省食品药品监督局副局长）

李　钢（省国防科工局副局长）

韩　平（省知识产权局副局长）

刘　云（省人民政府发展研究中心副主任）

雷廷宙（省科学院副院长）

房卫平（省农科院副院长）

袁凯声（省社科院副院长）

梁杰一（省贸促会副会长）

河南省人民政府
关于印发河南省建设支撑型知识产权
强省试点省实施方案的通知

豫政〔2016〕66 号

各省辖市、省直管县（市）人民政府，省人民政府各部门：

现将《河南省建设支撑型知识产权强省试点省实施方案》印发给你们，请认真贯彻执行。

河南省人民政府

2016 年 10 月 14 日

河南省建设支撑型知识产权强省试点省实施方案

为加快实施知识产权战略，充分发挥知识产权在我省经济社会发展中的支撑和引领作用，根据《国务院关于新形势下加快知识产权强国建设的若干意见》（国发〔2015〕71 号）精神和国家知识产权局《加快推进知识产权强省建设工作方案（试行）》要求，结合我省实际，制定本实施方案。

一、总体思路

（一）指导思想。贯彻落实党的十八大和十八届三中、四中、五中全会精神，按照“四个全面”战略布局和知识产权强国建设的总体要求，围绕国家粮食生产核心区、中原经济区、郑州航空港经济综合实验区、郑洛新国家自主创新示范区、中国（河南）自由贸易试验区五大国家战略规划，以深化知识产权体制机制改革为突破口，以知识产权运用和保护能力建设为主线，全面提升全省创新驱动发展能力和产业核心竞争力，引领产业结构优化升级与经济发展方式转变，促进大众创业、万众创新蓬勃发展，将我省建设成为知识产权强省，为加快中原崛起河南振兴富民强省提供强大支撑。

（二）基本原则。

1. 坚持创新突破。以适应经济新常态和创新驱动发展为目标，突破不利于知识产权引领创新驱动发展的体制机制障碍，深化知识产权领域综合改革，充分发挥知识产权激励创新的基本保障作用，为全面深化改革做出示范。

2. 坚持高端引领。面向世界科技前沿，面向全省重大需求，集聚高端要素，培育高端产业，打造创新高地，发挥区位优势和先发优势，紧紧依靠知识产权驱动产业优化升级，引领发展方式转变。

3. 坚持市场主导。发挥知识产权制度市场化配置创新要素、实现创新成果市场价值的根本作用，强化企业知识产权创造运用的主体地位，激发全社会创新创业活力，为创新驱动发展提供内生动力。

4. 坚持统筹协调。坚持顶层设计与基层探索相促进，集聚全省资源，坚持点线面结合、省市县联动。坚持先行先试、分步推进，形成与国家重大区域发展战略相匹配的知识产权强省建设战略格局。

（三）主要目标。到 2020 年，知识产权对全省经济社会发展的贡献度显著提升，力争建成支撑和引领优势明显的知识产权强省。

1. 知识产权创造水平显著提高。知识产权产出重要指标和综合指标居于全国前列。每万人口有效发明专利拥有量超过 10 件，PCT（专利合作条约）国际专利申请量年增长率超过 30%。商标注册总量达到 45 万件，河南省著名商标达到 4 000 件，拥有一批优良植物新品种，国家地理标志、版权拥有量实现较大幅度增长。

2. 知识产权运用能力根本性增强。建成知识产权高效运用转化体系，知识产权密集型产业产值占比大幅提升，对经济增长的贡献度大幅提高。建成全国中部知识产权运营中心，设立重点产业知识产权运营基金，专利许可合同等专利运用指标超过全国支撑型知识产权强省试点省平均水平，年度知识产权质押融资金额超过 25 亿元，建设 36 个专利导航产业发展实验区，培育 25 个知识产权密集型产业、100 家知识产权强企，知识产权密集型产业增加值占全省国内生产总值的比重超过全国平均水平，自主知识产权商品出口占比大幅度增加。

3. 知识产权保护体系全面优化。建立知识产权行政执法与司法保护相结合、行政调解与社会调解相结合、诚信引导与失信惩戒相结合的全方位知识产权保护体系。知识产权保护水平明显提升，知识产权保护社会满意度大幅提高。加强知识产权综合行政执法，推进知识产权执法队伍建设，建设知识产权执法强局，完善知识产权快速维权机制，构建全省知识产权维权服务网络，实现产业集聚区知识产权维权援助网点全覆盖。

4. 知识产权领域改革实质性突破。以知识产权权益分配机制改革为核心，以严格知识产权保护为重点，以放开和搞活市场为突破口，不断完善地方性知识产权法规、政策。推进知识产权管理体制改革，加快建设科学规范、职责清晰、管理统一、运行高效的知识产权管理体制。积极探索推动在有条件的区域整合专利、商标、版权等知识产权管理职能。建设 9 个国家知识产权试点示范城市。

二、试点任务

（一）构建知识产权驱动型创新生态体系。

1. 构建知识产权驱动型创新发展制度体系。不断完善以知识产权制度为核心的市场化配置创新资源的制度，强化企业创新主体地位。推动产、学、研、金、介、用等各类主体协调互动，以市场化方式促进知识产权运营。建立以知识产权为核心的创新政策体系，形成多元化市场主体运用知识产权驱动创新发展的新格局。

2. 构建知识产权驱动型创新发展支撑体系。完善知识产权基础条件，建设以国家级知识产权试点示范园区等载体为核心的各级、各类产业知识产权平台。加快推进知识产权智库建设。构建以高等院校、科研机构等为骨干的知识产权战略研究体系，以专利导航产业发展实验区为核心的产业知识产权开发体系，以国家专利审查协作河南中心为中心的知识产权高质量创造体系，以中部知识产权运营中心和技术交易市场为引领的知识产权运营体系，以代理机构等为代表的知识产权服务体系，以知识产权强市强县为基本节点的区域知识产权网络体系，形成全方位、多层次知识产权发展支撑体系。

3. 构建知识产权驱动型创新发展激励体系。构建保障和激励创新驱动发展的知识产权政策体系，强化知识产权创造运用财税政策支持。明确知识产权权利归属，推进科技成果和知识产权处置、使用、收益改革。完善知识产权市场定价和交易机制，实现知识产权的市场价值。高等院校、科研机构职务成果转让和作价入股的，职务发明成果转让收益用于奖励科研负责人、骨干技术人员等重要贡献人员和团队的收益比例不低于50%。完善各类评价考核政策，提高知识产权质量和转化运用权重。

4. 构建知识产权驱动型创新发展人才体系。建设高等院校知识产权学院和与知识产权相关的硕士、博士学位点，充分发挥国家专利审查协作河南中心的知识产权人才集聚优势，推进我省各类知识产权人才培养体系建设。知识产权普及教育更加广泛，知识产权文化氛围日益浓厚。基本形成一支素质优良、结构合理的知识产权人才队伍，为全面推进知识产权驱动型创新生态的建设和发展提供全面的智力支撑。

（二）深化改革，提升知识产权综合管理水平。

1. 深化体制机制改革。积极探索推动在郑洛新国家自主创新示范区进行专利、商标、版权综合管理体制改革试点。推动国家级高新区、郑州航空港经济综合实验区、国家知识产权创意产业试点园区建立专利、商标、版权综合管理和执法模式。积极探索开展省级层面的专利、商标、版权等知识产权综合管理试点。加强各级知识产权管理队伍建设，构建体系完备、协调有力的知识产权工作推进体系。进一步探索推进知识产权民事、行政和刑事案件审判“三合一”试点改革，推动设立知识产权法院。

2. 完善知识产权政策法规。完善地方知识产权政策法规体系，推进省辖市制定完善知识产权运用与保护政策。研究制定《河南省人民政府专利奖励办法》，设立河南省专利奖。完善知识产权评价政策，把知识产权作为科技项目立项、奖励、职称评定，科技创新公共服务平台和各类科技园区申报、认定的重要评价指标。完善科研人员激励政策和薪酬制度。完善发展评价体系，按照国家统一部署，将知识产权产品逐步纳入国民经济核算范围。

（三）强化战略布局，增强高价值、高质量核心知识产权创造能力。

1. 培育高价值、高质量核心专利。深入实施专利导航工程，选择传统产业、战略性新兴产业和现代农业开展专利导航工作。开展重大经济科技活动知识产权分析评议活动，引导创新主体面向经济社会发展需要开展知识产权战略布局，抢占产业和技术制高点。推动企业、高等院校、科研院所协同创新，围绕产业共性关键技术攻关，通过科技研发能力与条件建设，在主要技术领域创造一批创新水平高、权利稳定、市场竞争力强的高价值、高质量专利和专利组合。推动专利与技术标准结合，构建一批能支撑产业发展和提升企业竞争力的专利池或专利组合。

2. 提升产业集聚区知识产权创造能力。实施产业集聚区知识产权能力提升专项行动，鼓励产业集聚区设立知识产权能力提升专项资金，支持知识产权密集型产品推广、强企培育和知识产权密集型产业公共服务平台建设。开展专利导航、重大经济科技活动知识产权分析评议、重大项目技术引进、重点产业知识产权快速维权援助等工作。统筹知识产权专项资金，对达到发明专利、高知名度商标、核心版权、知识产权公共服务体系建设等指标的产业集聚区给予奖补支持。

3. 助力小微企业知识产权创新。实施“知识产权+”助力创新创业专项行动，通过建设创客空间、知识产权服务平台、专利检索分析服务平台、知识产权维权援助机制等，在全省布局构建一批具有产业特色的低成本、便利化、全要素、开放式的知识产权创新创业基地。建立实用专利技术评价机制，对专利权人利用高价值专利技术创业的给予创业资助，对小微企业首件发明专利给予申请资助。

（四）建立知识产权运营体系，着力提升知识产权转化运用能力。

1. 积极发展新型知识产权运营模式。支持河南省技术产权交易所建立知识产权网上实时评估系统和竞价系统，加大以知识产权为核心的股权、债券交易力度，探索推进知识产权证券化。支持市场化的知识产权集中管理公司发展，发展具有第三方支付等功能的知识产权转移机构。推动高等院校、科研院所建立健全知识产权转移转化机构，强化其知识产权管理和运营权责。

2. 着力发展知识产权商用化投融资。开展以知识产权为纽带的知识产权与科技、产业、金融融合试点，支持商业银行和证券、保险、信托、担保等机构广泛参与知识产权金融服务，推动商业银行开发知识产权质押融资新模式。拓展知识产权投融资体系，发展以知识产权投资基金、集合信托基金、融资担保基金等为基础的投融资平台和工具。进一步完善知识产权质押融资政策，引导企业拓展知识产权质押融资范围，质押融资金额年增长率超过20%。推进知识产权众创、众筹、众包、众扶等互联网金融模式创新，扶持知识产权互联网金融企业发展。开展知识产权评估及价值分析与检测试点，探索建立知识产权评估体系。支持集知识产权评估、确权、质押备案、流转、变现为一体的综合性服务公司建设。

3. 高标准建设中部知识产权运营中心。依托我省区位优势，结合郑洛新国家自主创新示范区建设，支持以专利池、专利组合为主营业务的知识产权运营机构发展，建设以专利信息检索分析和评估为基本手段，以专利池和专利组合为基本经营模式，包括专利转让、许可、入股、质押等功能的专利运营中心，建立以风险投资为主多元投资的股份制运行机制，促进知识产权商品化、资本化，推动知识产权助力大众创业、万众创新，加快知识产权与经济发展深度融合。

（五）发展知识产权密集型产业，提高知识产权经济发展贡献度。

1. 着力培育专利密集型产业。以建设国家专利导航（超硬材料）产业发展实验区为引领，建立专利导航产业发展机制，实施专利导航工程，以电子信息产业、装备制造业等高成长性产业集群和生物与制药产业、新材料产业等战略性新兴产业为重点，在特色产业基础较好的产业集聚区建立36个专利导航产业发展实验区。建立以知识产权强企为龙头、专利布局与产业链相匹配的专利联盟，推动高价值专利在产业链上下游之间的协调运用和价值实现。加快形成竞争优势突出的专利产业集群。发挥国家知识产权创意产业试点园区引领作用，集聚发展工业设计、文化创意等企业，在园区形成产业化链条，构建知识产权支撑创意产业发展、创意产业与当地重点产业融合发展的有效模式和运行机制，引领全省创意产业发展。

2. 着力培育商标密集型产业。以现代农业、先进制造业和现代服务业为重点，实施名优产品培育计划，河南省著名商标培育达到4 000件，建成60个省级产业集群品牌培育基地，其中20个省级产业集群品牌示范基地，形成品牌和著名商标集聚示范效应，形成一批商标密集型产业。支持品牌企业开展商标许可、品牌连锁、跨国兼并等，提高产品国际竞争力。

3. 着力培育版权密集型产业。以文化创意、工业设计、出版、影视、软件、信息和版权服务等产业为重点，建设一批版权示范城市、示范单位和示范园区（基地）。加大版权产品的创造和延伸开发力度，促进版权相关产业发展，培育各具特色的版权文化产业集聚区和产业链。创新版权产业商业模式，实施版权企业“走出去”战略，扩大优秀版权文化产品的输出规模和辐射范围，培育一批地方特色明显、版权价值高的版权密集型企业。开展传统知识资源价值开发知识产权试点示范工作，重点加强钧瓷、汴绣等一批传统知识传承与创新。

4. 着力培育现代农业，提高知识产权密集度。支持植物新品种、农业技术专利、地理标志产品和农产品商标保护，推动创新成果产权化，建立地理标志联合认定机制，促进农业向技术装备先进、综合效益明显的现代化方向发展。以知识产权利益分享为纽带，加强品种权保护体系建设，建立品种权转让交易公共平台，建设品种权保护展示基地，提高农产品知识产权附加值，促进农业知识产权运用，推动现代农业大省建设。运用知识产权助推生物遗传资源保护、开发和利用，推动生物遗传资源获取与惠益分享。

（六）开展试点示范引领，构建点、线、面知识产权强省建设新格局。

1. 布局建设知识产权强市群。以郑洛新国家自主创新示范区为核心，加大知识产权强市综合体制改革力度，充分发挥各个城市的地域特点和产业优势，强化知识产权运用和保护，依靠知识产权驱动产业优化升级，推动城市群相关产业协调、均衡、融合发展，深度融入全球产业链、价值链和创新链，加快培育 9 个国家知识产权试点示范城市。加快国家专利审查协作河南中心建设，确保 2016 年 12 月建成投入使用。推动国家专利审查协作河南中心与所有省辖市建立长期合作机制。

2. 深入推进知识产权强县（市、区）建设。以实施国家知识产权强县工程为引领，重点选择一批拥有较好知识产权工作基础、具备较强经济实力的县（市、区）开展省级培育工作，建设国家知识产权强县和国家知识产权试点城市（县级），健全工作体系，完善推进机制，推动知识产权创造，促进知识产权转化，强化知识产权保护，有效实现知识产权制度支撑县域经济创新驱动发展和加快县域小康社会建设。

3. 着力培育知识产权强企。实施知识产权强企培育计划，从知识产权优势企业中遴选一批知识产权创造运用能力强的企业，培育形成 100 家知识产权强企。推动各类政府创新资源向企业倾斜，应用类、开发类科技创新计划和项目应主要由企业牵头实施。指导企业全面落实《企业知识产权管理规范（GB/T 29490—2013）》，通过贯标认证，培育一批知识产权管理规范化企业。引导企业开展知识产权战略布局，强化知识产权储备。促进全省规模以上工业企业发明专利拥有量大幅提升。发挥政府财政资金的引导作用，推动企业、高等院校、科研院所提升创新能力。

4. 提升企业知识产权国际竞争力。发挥各级财政资金的引导作用，支持企业主动介入国际研发分工，设立海外研发机构，鼓励企业加强重点产业和技术领域知识产权国际布局。加强企业涉外知识产权培训，引导企业提升自主知识产权保护能力，降低“走出去”过程中的知识产权风险。建立涵盖主要国际展（博）览会的我省参展企业知识产权维权保护机制。研究“一带一路”沿线重点国家知识产权保护环境，引导企业申请优势领域专利和推广我国技术标准。培育知识产权外向型企业，着力提升自主知识产权产品的海外市场占有率。

（七）严格知识产权保护，营造知识产权支撑创新发展良好环境。

1. 强化知识产权保护能力。加强知识产权执法队伍建设，充实知识产权执法队伍力量和装备，提升执法人员综合业务能力和素质。支持市、县级知识产权局提升执法能力、完善执法条件、加强执法办案，争创知识产权执法强局。加强知识产权综合行政执法，健全知识产权侵权查处机制，完善行政执法和司法保护两条途径优势互补、有机衔接的知识产权保护模式，推动行政执法与刑事司法有效衔接。深入开展“护航”“闪电”等专项行动，加强网络和专业市场知识产权行政执法保护，加大对恶意侵权、重复侵权等违法行为的查处力度，确保全省专利行政执法和维权援助举报投诉工作绩效考核继续位居全国前列。加强省、市、县知识产权行政执法联动机制建设，强化晋冀鲁豫 4 省 11 市跨区域执法协作，完善案件移送、案情通报等制度。发挥知识产权社会法庭作用，完善知识产权纠纷快速调解机制。加大知识产权海关保护力度，有效打击跨境知识产权违法行为。构建知识产权信用体系，将知识产权侵权行为信息纳入社会信用记录，形成失信联合惩戒机制。

2. 深入推进知识产权维权援助。以 6 家国家级知识产权维权援助中心为依托，构建跨行业、跨区域的知识产权维权援助投诉体系。健全知识产权维权援助体系，构建全省知识产权维权服务网络，加强产业集聚区知识产权维权援助平台建设，实现维权援助网点全覆盖。开展企业涉外维权服务。统筹相关专项资金，引导社会资本和外向型企业设立各类知识产权涉外援助资金，支持企业应对涉外知识产权纠纷。

3. 营造知识产权保护良好氛围。建立政府主导、新闻媒体支撑、社会公众广泛参与的知识产权强省宣传工作体系。加强知识产权宣传普及工作，针对知识产权重点工作和重大典型案件开展专项、深度报道，不断提高公众知识产权意识。在义务教育阶段实施知识产权教育普及计划，建设一批中小学知识产权普及教育实验基地。打造若干知识产权论坛品牌。

（八）发展知识产权服务业，培育新型知识产权服务品牌机构。

1. 建设知识产权服务园区。推动郑州国家知识产权服务业集聚发展试验区建设。制定落实促进知识产权服务业集聚发展政策，吸引国内外高端知识产权服务机构进驻，实现知识产权服务业集聚效应。加强商业模式及服务理念创新示范，优化区域知识产权服务业态结构，开展知识产权高端服务。推动知识产权服务业联盟建设，加强知识产权服务业产业链上中下游机构的合作与交流，促进区域创新资源向产业优势转化。

2. 发展知识产权虚拟市场。依托河南省技术产权交易所，构建以知识产权评估、转让许可、投融资、股权交易、质押物处置等为支撑的网上网下相结合的交易服务体系。设立知识产权运营投资基金，吸引更多社会资本投资，支持知识产权运营机构采取股权投资等方式参与知识产权运营。支持专利运营公司与企业组建知识产权产业联盟，以共建专利池等方式整合、汇集产业链知识产权。建立健全多元化、多层次、多渠道的知识产权投融资体系和市场化风险补偿机制。鼓励金融机构为创新创业者提供知识产权资产股权化、证券化等新型金融服务。设立知识产权银行。

3. 培育知识产权服务品牌机构。以国家专利信息服务（河南）中心为依托，推动专利信息与其他各类知识产权基础信息公共服务平台互联互通，提高知识产权信息服务能力和水平。在代理服务、法律服务、信息服务等重点服务领域分级分类选取一批机构进行重点培育，引导知识产权服务机构开展特色化、高端化、国际化服务。发展知识产权分析评议、专利分析预警、专利诉讼与应对、专利运营等新型知识产权服务业态，重点提高知识产权服务国际化水平。建立重点企业知识产权联络员制度，组织知识产权服务机构为创新型中小企业提供点对点知识产权专业服务。引导服务机构增强品牌意识，培育知识产权服务品牌机构，发挥品牌示范作用，带动知识产权服务业快速发展。

三、实施步骤

（一）重点建设阶段。2016 年 10 月～2018 年 12 月。全面推进知识产权强省试点省建设工作。出台实施方案，落实建设路线图，制定年度推进计划，明确任务分工，确定责任主体和工作进度。完善知识产权政策体系，优化知识产权运用和保护体系。确保知识产权领域综合改革初见成效，知识产权重点环节专项改革试验取得突破，各类创新要素高度集聚，各类创新主体协同发展，知识产权拥有量大幅提升，知识产权运用成效显著，知识产权对我省经济社会发展的支撑作用充分显现。

（二）巩固提高阶段。2019 年 1 月～2020 年 12 月。知识产权领域综合改革成效突显，知识产权与科技、经济、贸易、金融等政策有效融合的知识产权政策体系完善，各类主体创新利益分配机制健全，知识产权重点环节、重点领域改革形成可借鉴经验，知识产权支撑产业转型升级成效显著，区域知识产权创造、运用、保护、管理、服务和国际竞争力大幅提升，知识产权驱动型创新生态体系健全，知识产权强省试点省建设达到全国领先水平。

四、保障措施

（一）加强组织领导。建立河南省知识产权战略实施工作联席会议制度，统筹推进全省知识产权战略实施和知识产权强省建设工作。充分发挥各级政府知识产权办公会议制度作用，强化知识产权协调管理职能，组织推进知识产权工作重大事项。进一步深化省人民政府与国家知识产权局高层次战略合作，省人民政府相关主管部门与试点市建立会商机制。

（二）加强投入支持。加大各级财政对知识产权工作的投入力度，省本级财政把知识产权强省建设作为重点支持方向，根据省知识产权实际工作需求和财力情况给予重点保障，力争尽快达到支撑型知识产权强省建设试点省专项投入平均水平。加强对市、县级财政投入的考核，研究制定市、县级投入考核办法，加大对市、县级的投入力度。吸引创业投资和其他社会资本，加大对知识产权事业的支持力度，以国家支持 4 000 万元重点产业知识产权专项运营基金为基础，带动市、县级投入，筹集社会资本，首期专项运营基金规模不少于 2.5 亿元。设立贷款风险补偿专项资金，引导金融机构加大贷款支持力度，用于重大专利项目转化运用。

（三）强化考核监督。将知识产权强省建设相关指标纳入河南省国民经济与社会发展“十三五”规划。细化实施方案，分解目标任务，明确相关部门的责任分工。印发年度推进计划，分解落实各项工作任务。研究制定知识产权强省试点省建设综合评估考核办法，将知识产权强省试点省建设相关指标纳入市、县级政府年度目标考核体系。引入知识产权强省试点省建设相关单位工作业绩第三方评价机制，强化知识产权强省试点省建设的过程督导与阶段性绩效评价。

关于印发《河南省知识产权局新闻宣传工作管理办法》的通知

豫知〔2016〕36号

各处室：

为进一步规范我局新闻宣传工作，营造促进知识产权事业发展和知识产权强省建设的良好舆论氛围，我局制定了《河南省知识产权局新闻宣传工作管理办法》，现印发实施，请各处室结合工作实际贯彻执行。

特此通知。

河南省知识产权局办公室

2016年6月6日

河南省知识产权局新闻宣传工作管理办法

第一章　总则

第一条　为进一步规范我局新闻宣传工作，营造促进知识产权事业发展和知识产权强省建设的良好舆论氛围，根据国家知识产权局《新闻宣传工作管理办法》（国知办发办字〔2013〕17号）和我省新闻宣传工作的有关政策规定，结合工作实际，制定本办法。

第二条　本办法适用于省知识产权局机关的新闻宣传工作。

第三条　新闻宣传工作坚持正确的舆论导向，实施严格的审批制度，遵循“统一管理、分级负责；程序规范、出口统一；反应及时、注重实效”的原则。

第二章　组织领导

第四条　新闻宣传工作在局党委领导下，由分管宣传工作的局领导负责，办公室承担日常工作。

第五条 办公室负责指导各省辖市、直管县知识产权局开展知识产权新闻宣传活动；负责统筹局各处室的新闻宣传工作。

第三章 新闻宣传管理

第六条 新闻宣传工作是指按照局党委部署和年度计划安排的新闻宣传活动，主要包括新闻发布、组织重大活动的宣传报道，以及其他临时性需开展的宣传报道。

第七条 新闻发布包括举办新闻发布会、接受新闻媒体采访、通过政府网站、月刊、年报发布信息，利用各种媒体答复记者问询。

第八条 建立新闻发布制度，原则上由新闻发言人代表局对涉及我局主管的重要问题和事件发布新闻、声明和有关信息。

第九条 局“第一新闻发言人”由局长担任，代表我局对外发布新闻。其他局领导经第一新闻发言人授权，可就主管工作开展信息发布。

第十条 建立新闻宣传工作联络员制度，由局机关各处室指定本处室相关人员为兼职通讯员，负责本处室与办公室的日常联系；向办公室提供拟宣传的工作计划和相关资料；协助本处室负责人拟定涉及工作职责的答问口径。

第十一条 新闻宣传工作包括以下主要内容：

（一）国家和省有关知识产权工作的重要决策部署，上级领导参加我局相关活动、对我省知识产权工作做出的指示和要求的宣传报道。

（二）有关知识产权发展规划、重要文件、重要会议、重要活动、重点工作开展情况及局领导重要讲话、重要文章的宣传报道。

（三）局机关党的建设、思想政治工作、文化建设和先进集体、个人的典型经验及先进事迹的宣传报道。

（四）全省知识产权局系统知识产权工作动态、企事业单位知识产权工作成效及先进典型的宣传报道。

（五）各处室结合业务工作和领导交办事项开展的宣传报道。

第十二条 重大活动的新闻宣传遵循下列要求：

（一）举办的重大活动、重要会议，需邀请新闻媒体采访报道的，承办处室应于活动或会议举办前 3 天通知办公室，由办公室负责联系邀请新闻单位，进行宣传报道和采集文字、音像资料。

（二）重大活动的宣传报道由办公室制定宣传方案，经由局长办公会议讨论通过后组织实施。承办重大活动的相关处室应及时向办公室提出宣传建议、提供宣传素材。

（三）涉及局领导的新闻宣传工作由办公室负责统筹协调和日常管理。重大活动的新闻宣传，涉及局领导的报道内容，须经办公室和局领导审核后，方可对外报道。

第十三条 举办新闻发布会遵循下列要求：

（一）新闻发布的内容主要包括颁布知识产权重要规章和政策；通报知识产权重大决策、重要活动和取得成就；回应知识产权突发事件、社会公众关注的知识产权有关热点和敏感问题等。

（二）凡需对外通报的重大事项，原则上采取新闻发布会方式，做到及早发布、口径统一、主动引导和良性干预。各处室不得自主对外通报相关信息。

（三）各处室拟发布重要信息，需提前两周向办公室报送拟发布的信息内容和宣传材料，经报相关业务和分管宣传的局领导批准后，组织实施。

第十四条 接受新闻媒体采访遵循下列要求：

（一）新闻媒体拟我局采访前，需函商办公室，待同意后方可进行。新闻媒体拟采访局领导的，需提前一周向办公室报送采访提纲，经局领导同意后实施；拟采访局有关处室的，由办公室商该处室负责人同意后实施。

（二）接受境外新闻媒体采访，由办公室审核，报主管宣传和外事工作的局领导批准后组织实施。

（三）接受采访后，拟刊新闻稿件须经办公室审核方可刊发。被采访对象署名一般应署工作单位、部门、职务和姓名全称。

第十五条 政府网站、月刊、年报发布信息遵循下列要求：

（一）发布信息要遵守国家相关规定，遵循可以公开、表述准确的原则。

（二）严格落实发布信息审签制度，按照“谁发布、谁审核、谁负责”的原则，未经审核不得进行信息发布。

（三）局机关各处室发布的信息，须经本处室负责人审核确认后方可对外发布。重大新闻稿件须经主管宣传报道工作的局领导审阅，并报局长审核后，方可向新闻媒体发布。

第十六条 未经批准，局各处室和个人不得以我局名义公开发表涉及热点和敏感问题的讲话、文章；不得以我局名义接受记者采访和利用各种媒介答复记者问询；不得以我局名义利用各种媒介发布及传播涉及我局的敏感信息和不实信息。

第四章 舆情监控及突发事件处置

第十七条 办公室负责监控社会公众关注的知识产权相关热点和敏感问题，相关处室协助及时提供答问口径。

第十八条 发生突发事件时，办公室负责制定新闻宣传应对方案并组织实施。原则上 48 小时内，政府网站公布相关信息；72 小时内，办公室组织新闻发布，解疑释惑、引导舆论。

第五章 考核与奖惩

第十九条 办公室负责对各处室新闻宣传工作进行考核，根据各处室宣传稿件采用情况进行季度通报。

第二十条 年度内未完成宣传目标任务的处室，不得参加年度先进集体的评选。

第六章 附则

第二十一条 本办法由办公室负责解释。

第二十二条 本办法自公布之日起施行。

河南省知识产权局　河南省教育厅关于印发《河南省中小学知识产权普及教育示范基地管理办法》的通知

豫知〔2016〕37号

各省辖市、直管县（市）知识产权局、教育局：

为贯彻落实《国务院关于新形势下加快知识产权强国建设的若干意见》，进一步做好全省中小学知识产权普及教育工作，充分调动中小学知识产权普及教育实验基地工作积极性，河南省知识产权局、教育厅决定共同在全省知识产权普及教育实验基地中优选、建设一批中小学知识产权普及教育示范基地。现将《河南省中小学知识产权普及教育示范基地管理办法》印发你们，请组织实施。

河南省知识产权局

河南省教育厅

2016年5月30日

河南省中小学知识产权普及教育示范基地管理办法

第一条　为贯彻落实《国务院关于新形势下加快知识产权强国建设的若干意见》（国发〔2015〕71号），进一步加强我省知识产权文化建设，做好中小学知识产权普及教育工作，充分调动中小学知识产权普及教育实验基地工作积极性，在全省知识产权普及教育实验基地中优选、建设一批中小学知识产权普及教育示范基地，特制定本办法。

第二条 省中小学知识产权普及教育示范基地（以下简称“示范基地”）是我省开展知识产权普及教育工作的示范型学校，具有典型性、示范型和可复制性。通过开展知识产权普及教育，落实知识产权教学计划，提升中小学生知识产权意识，培养中小学生对发明创造的兴趣；通过开展知识产权教育实践，为中小学生发明创造、文艺创作和科学实践提供施展平台，增强学生社会责任感、创新精神和实践能力。

第三条 示范基地由省知识产权局和省教育厅从知识产权普及教育实验基地中进行培育和评选，形成一批有特色、能引领的知识产权普及教育示范基地，并逐渐向全省中小学校推广。

第四条 省知识产权局会同省教育厅分阶段开展示范基地培育，并对示范基地的知识产权普及教育工作进行指导和检查。

第五条 各省辖市、直管县知识产权管理部门及教育主管部门参照本办法负责本地区示范基地的培育；指导基地开设知识产权课程，帮助基地培养知识产权师资，积极组织基地师生开展知识产权教学研究和经验交流。

第六条 申报条件

（一）示范基地所在辖区政府部门重视知识产权普及教育工作。

（二）已成为知识产权普及教育实验基地且满 3 年。

（三）示范基地学校知识产权普及教育工作体系完善，机制健全，有规范化的管理制度。

（四）拥有能熟练开展知识产权普及教育工作的专兼职师资。

（五）有明确合理的知识产权课程计划，按期完成知识产权教育课时安排。

（六）利用学校网络、宣传橱窗、墙报、校报等平台营造知识产权文化氛围，积极支持并组织开展知识产权知识的体验教育和实践活动。

（七）积极组织参与国家、省级青少年发明创新、文艺创作等竞赛活动，并获得一定奖项。

（八）建立对师生发明创造的激励机制和奖励制度，鼓励和支持师生将创新发明成果转化为知识产权。

（九）积极开展中小学知识产权教育教学研究工作。

第七条 审批程序

（一）申报示范基地的学校，应据实填写申报表，制定工作方案，经所在省辖市、直管县知识产权管理部门会同教育主管部门商定后，上报省知识产权局。

（二）省知识产权局、教育厅组成“省中小学知识产权普及教育示范基地考评小组”（以下简称“考评小组”），依据申报条件和其他要求对上报的学校进行考核、评定，确定示范基地名单。

（三）对被确定的示范基地，省知识产权局、教育厅联合印发批准文件并授牌。

第八条 扶持措施

（一）示范基地学校作为备选学校，优先推荐申报国家知识产权局、教育部中小学知识产权教育试点（示范）学校。

（二）示范基地学校参加教育系统评先评优、表彰奖励等活动时，在同等条件下，省教育厅给予优先考虑。

（三）示范基地学校由河南省知识产权局给予引导经费支持，年度考核优秀的，将给予最多两次经费支持。所在省辖市、直管县知识产权管理部门给予适当的配套支持经费，专项用于知识产权普及教育工作。

（四）示范基地学校及学校师生申请专利并授权的，省知识产权局给予资助。

（五）示范基地学校及学校师生的发明专利申请依照《发明专利申请优先审查办法》予以优先审查。

（六）对示范基地从事知识产权教育的教师进行相关业务知识培训。

（七）向示范基地提供知识产权远程教育资源。

（八）充分利用报刊、网络、电视等新闻媒体，对示范基地的先进做法和成功经验进行广泛宣传和推广。

（九）适时组织示范基地师生开展知识产权普及教育交流活动。

第九条 省知识产权局、教育厅负责全省中小学知识产权教育示范工作的总体规划、统筹协调、培育、认定和指导。“考评小组”负责示范基地的评定及考核。

第十条 根据工作安排，由所在省辖市、直管县知识产权管理部门会同教育主管部门组织申报，在自愿申报、主管部门推荐和联合考评的基础上，确定示范基地。

第十一条 示范基地每年进行知识产权教育工作总结，通过所在省辖市、直管县知识产权管理部门以书面形式向“考评小组”提交年度工作报告和次年工作计划。

第十二条 示范基地不设期限，“考评小组”每年对示范基地学校进行一次考核。考核结果分为优秀、良好、合格和不合格 4 个等级，对连续 2 年考核不合格的学校，取消其示范基地学校资格。

第十三条 考核内容主要包括：资金投入、工作体系建设、师资培养、课程设置、参加大赛活动、激励机制、教学研究等情况。

第十四条 考核采用 100 分制。其中资金投入 10 分，工作体系建设 10 分，师资培养 10 分，课程设置 20 分，组织大赛活动 20 分，激励机制 20 分，教学研究 10 分。示范（实验）基地学校参加国家级青少年发明创新、文艺创作等竞赛活动，获得一等奖（或相当于一等奖的奖项）加 10 分，二等奖（或相当于二等奖的奖项）加 5 分，参加省级青少年发明创新、文艺创作等竞赛活动，获得一等奖（或相当于一等奖的奖项）加 5 分。

第十五条 学校在申报材料中弄虚作假的，经调查确认后，将取消其申报资格。

第十六条 本办法由河南省知识产权局办公室负责解释。

第十七条 本办法自发布之日起施行。

河南省知识产权局
关于印发《河南省知识产权服务品牌机构培育管理办法》的通知

豫知〔2016〕39号

各省辖市、省直管县知识产权局：

为促进我省知识产权服务业发展，加强和规范知识产权服务品牌机构培育工作，依据《国务院办公厅关于加快发展高技术服务业的指导意见》（国办发〔2011〕58号）和《国家知识产权局办公室关于印发<全国知识产权服务品牌机构培育管理办法（试行）>的通知》（国知办发规字〔2012〕83号），制定《河南省知识产权服务品牌机构培育管理办法》，现予以印发，请认真贯彻执行。

特此通知。

附件：河南省知识产权服务品牌机构培育管理办法

2016年6月12日

附件

河南省知识产权服务品牌机构培育管理办法

第一条 为促进知识产权服务业发展，加强和规范知识产权服务品牌机构培育工作，依据《国务院办公厅关于加快发展高技术服务业的指导意见》（国办发〔2011〕58 号）和《国家知识产权局办公室关于印发<全国知识产权服务品牌机构培育管理办法（试行）>的通知》（国知办发规字〔2012〕83 号），制定本办法。

第二条 本办法所述的知识产权服务机构是指提供各类知识产权“获权-用权-维权”相关服务，促进智力成果权利化、商用化、产业化、资本化、信息化的专业化服务机构。

服务机构注册地须在河南省辖区范围内。

第三条 河南省知识产权局负责省内全国知识产权服务品牌培育机构和品牌机构推荐、业务指导和管理。全国知识产权服务品牌机构的推荐和管理工作按照国家知识产权局《全国知识产权服务品牌机构培育管理办法（试行）》要求执行。

第四条 河南省知识产权局负责组织开展河南省知识产权服务品牌培育机构的申报、评定、培育和管理工作。各省辖市、省直管县知识产权管理部门负责本地知识产权服务品牌机构的推荐和业务指导。

第五条 河南省知识产权服务品牌培育机构的申报条件：

（一）成立 3 年以上，以知识产权服务为主营业务的法人单位。

（二）有 15 名以上工作人员，有稳定的专业人才队伍和服务对象。

（三）连续 3 年以上无投诉、惩戒和诉讼，或有投诉和诉讼但无责任。

（四）综合实力强、成功案例多，或者有突出的行业特色、在行业内有一定的影响，取得较好的经济社会效益，具有示范带动效应。

（五）专利代理机构近三年年度无费视撤率均低于全省平均水平。

第六条 申报与评定

（一）关于全国知识产权服务业品牌培育机构的推荐。

省知识产权局按照国家知识产权局发布的申报通知，根据各省辖市、省直管县知识产权局推荐情况，对申报材料进行审核，择优选择申报单位，报送国家知识产权局。

（二）关于河南省知识产权服务业品牌培育机构确定。

1. 根据省知识产权局发布的申报通知，申报单位向所在省辖市、省直管县知识产权局主动申报并填写申报书。

2. 省辖市、省直管县知识产权局对申报材料进行审核，择优选择申报单位，经公示无异议后，报送省知识产权局。

3. 省知识产权局组织专家评审，经公示无异议后，确定为河南省知识产权服务品牌机构培育单位（以下简称“培育单位”）并授予称号。

第七条 河南省知识产权服务品牌培育机构的培育期为 3 年。

第八条 培育内容

代理、法律、信息、商用化、咨询、培训等各类知识产权服务品牌机构培育单位要扩大服务领域、提高服务能力和质量，充分发挥桥梁、纽带、带头示范作用，促进知识产权创造、运用、管理和保护。

（一）代理类。开展各类知识产权代理服务。

（二）法律类。开展知识产权维权，企业上市、并购及重组等知识产权尽职调查等服务。

（三）信息类。开展专利检索、分析、管理等软件工具和平台研发，个性化专利数据库建设，特色领域专利数据深度加工等服务。

（四）商用化类。开展知识产权孵化经营和相关产品推广，专利技术转移，专利许可谈判，专利池、专利联盟建设，知识产权质押融资、知识产权评估、知识产权运营、保险及证券化，知识产权价值分析等服务。

（五）咨询类。开展知识产权创造、运用、保护和管理等相关环节咨询服务。

（六）培训类。开展代理能力提升培训、企业发明专利挖掘培训、专利代理人考试推介、知识产权管理培训、知识产权运营培训及知识产权实务技能培训等服务。

第九条 管理与考核

（一）按照国家知识产权局的要求，配合做好全国知识产权服务业品牌培育单位和品牌单位的培育、管理工作。对被评为全国知识产权服务业品牌培育机构的单位，培育期间，河南省知识产权局每年给予一定的资金支持；对培育合格，被认定全国知识产权服务业品牌机构的单位，每年给予资金奖励；自认定之日，连续支持 3 年。

（二）河南省知识产权局与省知识产权服务品牌培育单位签订培育任务书，对提供市场化服务的培育单位给予经费支持，有条件的省辖市和省直管县知识产权局应给予一定的资金配套。

（三）培育单位应当按照培育任务书所要求的目标和实施方案开展工作，向河南省知识产权局报送年度工作总结及下年度工作要点。

（四）河南省知识产权局对培育单位遵纪守法、培育工作进展及示范带头效应等情况进行检查。

（五）河南省知识产权局建立知识产权服务品牌机构评价考核体系，组织专家和相关行业协会对培育期满的培育单位进行评价考核，考核合格并通过公示的，授予河南省知识产权服务品牌机构称号，考核不合格的，限期整改。培育单位限期整改后仍不合格，或培育期间自愿申请退出培育，或在培育期间受到法律和行政处罚的，终止培育，取消其称号，并予以公布。

（六）获得河南省知识产权服务品牌机构称号的服务机构应当珍惜荣誉、诚信经营，发挥带头示范作用。对于借品牌之名违法违纪经营，或自愿放弃品牌机构称号的服务机构，取消其称号，并予以公布。

（七）终止培育和取消品牌机构称号的单位，不得重新申请为培育单位。

第十条 河南省知识产权局和各地方知识产权局对知识产权服务机构承担引导培育、业务指导和监督管理的职责，对于服务机构借培育和评定为品牌机构之名进行的违法违纪行为，将依法进行处理。

第十一条 本办法由河南省知识产权局负责解释。

第十二条 本办法自公布之日起施行。

河南省知识产权局
关于印发《河南省知识产权事业发展项目全过程管理办法》的通知

豫知〔2016〕42 号

各省辖市、省直管县（市）知识产权局，各有关单位：

为进一步规范和加强河南省知识产权事业发展项目的申报、评审、监督、考核全过程管理，提高知识产权专项资金支持项目的管理效率和实施质量，根据《河南省省级财政专项资金管理办法》（豫政〔2014〕16 号）、《河南省人民政府关于深化省级财政科技计划和资金管理改革的意见》（豫政〔2015〕2 号）等相关规定，我们制定了《河南省知识产权事业发展项目全过程管理办法》。现印发你们，请遵照执行。

附件：河南省知识产权事业发展项目全过程管理办法

河南省知识产权局

2016 年 6 月 17 日

附件

河南省知识产权事业发展项目全过程管理办法

第一章　总则

第一条　根据《河南省省级财政专项资金管理办法》（豫政〔2014〕16号）、《河南省人民政府关于深化省级财政科技计划和资金管理改革的意见》（豫政〔2015〕2号）等相关规定，为进一步规范和加强河南省知识产权事业发展项目（以下简称“知识产权项目”）的全过程管理，提高知识产权专项资金支持项目的管理效率和实施质量，特制定本办法。

第二条　项目全过程管理，包括本办法规定的各类知识产权项目的申报、评审、立项、合同签订等立项管理环节，项目实施的年度考核、中期评估、统计调查、跟踪服务等过程管理环节，结项总结和结项验收等结项管理环节。

第三条　本办法用于规范河南省知识产权事业发展专项资金支持项目的管理，主要支持知识产权创造、运用、保护、管理和服务等方面，与专利有关的各类知识产权强省建设工作实施。知识产权项目以后补助、以奖代补项目为主，竞争性立项项目等为辅，符合政府购买服务事项的，按照相关规定执行。

第四条　本办法适用于河南省境内的机关团体、企事业单位和有经常居所的个人（不含外资及外资控股企业）。

第五条　知识产权项目全过程管理坚持公开、公正和公平的原则，保证知识产权项目全过程管理工作的严肃性和科学性。

第二章　责任主体

第六条　知识产权项目全过程管理中的责任主体分为三类：

（一）省知识产权局。

（二）项目主管部门。

（三）项目承担者（申请者）。

第七条　省知识产权局的主要职责：

（一）立项阶段。统筹安排部署和组织全省知识产权项目的申报、评审、立项等工作；编制下达知识产权项目；需要签订合同的，组织项目合同的签订。

（二）过程管理阶段。统筹安排部署和组织全省知识产权项目的过程管理工作；组织开展项目的年度检查或中期评估，协调解决项目实施中出现的问题；加强对项目实施进度和资金使用监督。

（三）结项阶段。统筹安排部署和组织全省知识产权项目的结项工作；组织收集、汇总和整理项目结项相关材料；开展知识产权项目的成果转化应用以及绩效目标实现等绩效评估评价。

（四）协调知识产权项目全过程管理中的其他相关事项。

第八条 项目主管部门的主要职责：

（一）立项阶段。配合省知识产权局组织本地区或本部门（单位）知识产权项目的申请工作；具体指导本地区或本部门（单位）申请者客观、真实、正确、完整填报申报材料，并审核把关和组织上报。

（二）过程管理阶段。协助省知识产权局组织开展知识产权项目的年度检查或中期评估；组织相关报表报告等上报；根据各类项目要求对实施进度及资金使用等进行指导监督。

（三）结项阶段。协助省知识产权局组织开展知识产权项目的结项工作；组织结项材料上报；参与并配合省知识产权局做好本地区或本部门（单位）知识产权项目的成果转化应用以及绩效目标实现等绩效评估评价。

（四）结合工作实际对知识产权项目全过程管理提出合理建议。

第九条 项目承担者（申请者）的主要职责：

（一）按要求上报知识产权项目申请材料，并确保申请材料客观、真实、正确、完整填写。

（二）项目立项后，根据知识产权项目需要，签订相关合同，完成项目任务，按要求上报报表、报告和总结，完成项目结项相关工作。

（三）严格执行项目资金管理规定。

（四）接受省知识产权局和项目主管部门及其授权或委托机构的监督和评估。

（五）客观、及时向省知识产权局和项目主管部门反映项目全过程管理中的问题，按要求及时报告相关重要事项。

第十条 各责任主体应当按照国家有关规定，结合单位实际情况，建立健全内部风险防控和监管体系。建立监督制约机制，明确内部监督机构或专门人员的监督职责，建立常态化的自查自纠机制，加强内部审查，督促依法合规开展工作。

第三章 主要程序

第十一条 制定年度资金使用计划。省知识产权局根据每年的工作安排，提出专项资金年度总体安排计划，报省财政审批同意后，组织实施。

第十二条 专利资助、专利权质押融资补贴和获国家或省专利奖的奖励项目的申报和审批，参照具体项目管理办法及实施细则执行。

第十三条 对市、县（区）知识产权管理部门的以奖代补项目的申报和审批，由省知识产权局根据年度工作计划和目标任务，制定下发具体的考核标准，组织考核，实施奖励。

第十四条 符合政府购买服务事项的，按照《中华人民共和国政府采购法》、《财政部政府购买服务管理办法（暂行）》和《河南省人民政府办公厅关于推进政府向社会力量购买服务工作的实施意见》等有关规定办理。

第十五条 除本办法第十二条、十三条、十四条外的知识产权项目的申报与审批：

（一）申报通知发布。省知识产权局发布项目申请通知，公布项目申报指南，明确申报条件、申报主体资质及申报材料要求等，组织实施项目申报。从项目申报通知发布到项目申报受理截止原则上不少于 50 天，以保证申报主体有充足时间准备申报项目。

（二）项目申报。项目申请者按照财政隶属关系，向所在地的省辖市、省直管县（市）知识产权局或省直主管部门提交申报材料，项目主管部门对申请材料进行审核把关后，按要求统一报省知识产权局。中央驻豫单位直接向省知识产权局提交申报材料。

（三）立项评审。省知识产权局组织对项目申请材料进行合规性审查，组织专家对通过初审的项目进行评审论证，形成专家意见后，报省知识产权局研究确定立项项目。根据项目实际情况，专家评审环节必要时安排申请单位公开答辩。属多部门联合发文的项目，按相关程序，在省知识产权局审议通过后，安排部门会商程序确定承担单位或地区。规范项目立项管理，除确有保密要求的项目外，知识产权专项资金拟支持项目应进行网上公示，公示期不少于5个工作日。从受理项目申请到反馈立项结果原则上不超过120个工作日。

（四）合同签订。根据项目具体绩效要求，需签订合同的，省知识产权局与项目承担单位签订项目合同，明确项目任务、预期达到的目标和相关考核验收办法、资金支付方式、资金使用方向和绩效指标、违约责任等，双方按合同约定对项目进行管理。

第十六条 过程管理。

（一）管理对象及方式。省知识产权局根据知识产权项目类别和实施年限，组织或委托项目主管部门开展项目年度检查、中期评估，并做好统计调查和跟踪服务工作。将项目实施监督与资金使用监督相结合，针对不同知识产权项目管理特点组织巡检或抽查。

（二）检查评估。年度检查或中期评估的结论分为合格、不合格、终止实施。对照项目相关规定，目标任务和相关指标进展顺利，经费使用合理合规的项目，检查评估为合格；出现提供虚假文件资料及数据，或项目进展与预期成果差距较大，或未按要求使用专项资金等情况，检查评估为不合格；出现检查评估不合格，整改期无法完成项目整改任务，或因不可抗拒因素或现有水平和条件限制等，致使项目不能继续实施等情况，可终止实施。

（三）结果处理。检查评估结论为合格的，省知识产权局出具有关证明材料。检查评估不合格的，省知识产权局向项目承担单位发出整改通知，限期整改后，重新提交检查评估申请。对终止实施的项目，项目主管部门审核后，报省知识产权局及相关部门，予以停拨项目经费处理，情节严重的予以通报。

第十七条 结项管理。

（一）结项方式。结项方式包括结项总结和结项验收。结项总结一般以审查书面材料方式形成结项意见。结项验收由省知识产权局组织或委托项目主管部门组织专家召开会议，对照项目结项材料，通过答辩、质询、讨论等形式进行，必要时开展现场考察，形成结项验收意见。

（二）结项组织。省知识产权局组织或委托项目主管部门开展项目结项工作，确定合理的结项方式。需要总结验收的项目，项目承担者向项目主管部门提出结项申请，并提交结项材料，按要求完成项目结项相关工作。

（三）结项结论。结项结论分为合格、暂缓结项、不合格。完成项目任务规定的目标任务和相关指标，经费使用合理合规的项目，结项结论判定为合格；提供的验收文件资料等不完整的，或专家组评审认为需要暂缓结项的，判定为暂缓结项；总体上完成项目任务及指标不到80%，或提供虚假验收文件资料及数据，或擅自修改合同或计划任务书考核目标、内容的，判定为不合格。

（四）结果处理。结项结论为合格的，省知识产权局出具有关证明材料。结项结论为暂缓结项或不合格的，省知识产权局向项目承担者发出整改通知，提出限期整改要求。整改完毕的，项目承担者应重新提交结项申请。在规定期限内既不提交结项申请又未提交延期结项申请且时间超过半年的，项目按“终止”处理。取消项目承担者今后三年内申请省级知识产权项目的资格，并向社会公告。

第十八条 项目承担者对项目内容有保密要求的，可向省知识产权局提出申请，经审核确有必要的，应按规定做好保密工作。

第四章 管理机制

第十九条 立项管理机制。

（一）项目指南制定和发布机制。省知识产权局在充分征求企事业单位、地方和相关部门等有关方面意见的基础上，编制项目申报指南和相关申报通知，鼓励符合条件的单位和个人申报项目。

（二）项目申报制度。通过“河南省知识产权业务综合管理系统”，在符合国家保密规定的前提下，项目逐步推行网上申报、网上公示、网上评审；对项目申报条件、立项及经费安排等相关信息进行公开，接受社会监督；逐步探索建立项目绩效情况公示制度，提高项目管理全过程的透明度。

（三）内部控制机制。项目主管部门组织申请者严格按照项目管理的相关规定上报申请材料，省知识产权局制定公布项目审批流程。逐步实行网络评审和视频答辩、电话评审等科学的评审方式，合理安排会议答辩评审。通过公开择优、定向择优等方式确定项目承担者。加强项目查重和监督，避免一题多报或重复资助。建立评审档案管理制度，实现立项过程可申诉、可查询、可追溯。

（四）专家选用、评审及问责机制。建立健全专家管理制度和工作规范，建立由知识产权、科技、经济、金融等不同领域专家组成的专家库，专家选择从专家库中随机抽取，专家管理实行轮换、调整机制和回避制度。对采用视频或会议方式评审的，公布专家名单，强化专家自律，接受同行质询和社会监督；对采用通讯方式评审的，评审前专家名单严格保密，保证评审公正性。建立项目专家评审制度，对通过评审的项目必须留存专家评审名单和签字备查，专家承担评审责任。

第二十条 建立完善相关项目预算编制及评估工作机制。各申请单位要科学合理、实事求是地编制项目预算，坚持目标相关性、政策相符性和经济合理性的原则，并对合作单位资质、拟外拨资金及仪器设备购置进行重点说明。

第二十一条 过程管理机制。

（一）检查评估机制。省知识产权局组织对项目实施进行检查调度，会同项目主管部门，组织相关领域专家，或委托具备相应资格的知识产权评估中介机构重点对财政支持经费额度较大或有一定影响且跨年度实施的项目进行评估。

（二）统计报告制度。实行项目年度报告和中期报告等统计报告制度，项目承担者须按要求填报项目执行情况报表和报告，作为项目中期监督检查和年度总结的基本依据。

（三）重要事项报告制度。项目实施过程中，项目承担者对项目内容、工作进度、经费及承担者等进行调整或变更的，需及时提出书面申请，按照项目申报渠道报省知识产权局审查批准后方可调整。项目实施过程中取得重大进展，或发生可能影响项目实施进度的事项，以及发生难以协调的重大问题，项目承担者应向项目主管部门和省知识产权局及时报告。

第二十二条 结项管理机制。需要总结验收的项目，项目实施完成后，项目承担者要按时提出结项申请，按照要求准备结项材料，完成结项相关工作。

第二十三条 激励约束机制。对项目管理工作规范的项目主管部门和承担单位，在下一年度的项目申报、立项等方面给予适当倾斜。对表现落后或有违规行为的予以严格限制。

第二十四条 经费巡检制度。对上一年度经费额度较大的项目承担单位采取抽查检查的方式开展经费巡视检查，检查结果作为以后年度相关单位申立项目的依据，对存在问题且未给予改正的单位，不再新立项目。

第二十五条 公示公开制度。按照“公开为常态、不公开为例外”的原则，除涉密及法律法规另有规定外，根据相关规定，应当将相关管理制度和规范、项目立项和资金安排、验收结果、绩效评价和监督报告等信息，在省知识产权局官方网站上及时主动向全社会公开，接受各方监督。项目承担单位应当在单位内部公开项目立项、主要研究人员、资金使用、设备购置以及项目研究成果等情况，接受内部监督。

第五章　监督机制

第二十六条　受专项资金资助和支持的单位，应加强对专项资金的管理，实行专款专用，独立核算，确保发挥最大效益。

第二十七条　申请专项资金支持的单位和个人，应提供真实的材料和凭据。建立财政资金负面清单制度，对重复申报、弄虚作假、骗取专项资金的，一经发现，全额追回已拨付资金，列入财政资金负面清单，且三年内不再享受财政资金项目支持，情节严重的，将按照《财政违法行为处分条例》，依法追究相关责任。

第二十八条　知识产权项目管理各责任主体要按照本办法职责规定及相关法律法规要求，履行职责，并自觉接受监督。

第六章　附则

第二十九条　本办法自发布之日起实施，《河南省知识产权计划项目全过程管理规范和程序》（豫知〔2014〕56 号）同时废止。

第三十条　本办法由省知识产权局负责解释。

河南省知识产权局
关于印发《河南省关于专利代理行业
发展促进措施》的通知

豫知〔2016〕47 号

各省辖市、省直管县（市）知识产权局：

为贯彻落实《国务院关于新形势下加快知识产权强国建设的若干意见》（国发〔2015〕71 号）文件精神，深入实施创新驱动发展战略和知识产权战略，加快我省专利代理行业发展，充分发挥专利代理服务业在推进知识产权强省建设、服务创新主体等方面的作用，制定了《河南省关于专利代理行业发展促进措施》，现印发给你们，请认真贯彻执行。

附件：河南省专利代理机构绩效考核内容及考核表

河南省知识产权局

2016 年 7 月 6 日

附件

河南省专利代理机构绩效考核内容及考核表

	二级指标	考核内容	分值	评分标准	考评分
基础工作（100分）	工作业绩（40分）	代理量	8	代理量达 2 000 件及以上得 8 分，每少 100 件扣 1 分，扣完为止。	
		代理量增长率	6	代理量增长率达30%及以上得6分，每少5%扣1分，扣完为止。	
		发明专利申请量	8	发明专利申请量在 1 000 件以上得 8 分，每少 100 件扣 1 分，扣完为止。	
		发明专利授权量	8	发明专利授权量达 500 件及以上得 8 分，每少 50 件扣 1 分，扣完为止。	
		发明专利授权量增长率	6	发明专利授权量增长率达 50% 以上得 6 分，每少 10% 扣 1 分，扣完为止。	
		电子申请率	4	电子申请率达 98% 得 4 分，每少 1% 扣 1 分，扣完为止。	
	服务质量和水平（20分）	优秀专利文件评选	5	积极参加优秀专利文件评选得 3 分，按要求申报并且至少有一件专利文件获奖得 5 分。未参加不得分。	
		案件代理	5	代理一件专利诉讼、无效案件或重大专利案件得 2 分，每增加一件加 1 分，最高不超过 5 分。未代理不得分。（附背景材料）	
		非正常申请	5	无非正常申请得 5 分，经国家局反馈确定为非正常申请的，每出现一件扣 1 分，扣完为止。	
		举报投诉及违法违纪	5	无举报投诉或违法违纪得 5 分，接到举报投诉或存在违法违纪行为，经查证属实的出现 1 起不得分。	

续表

	二级指标	考核内容	分值	评分标准	考评分
基础工作（100分）	人才培养和引进（15分）	执业人数	5	新增执业人数2人以上得5分，不到2人不得分。	
		执业人数结构	4	45岁以下执业人数占1/3以上得4分，每少1人扣1分，扣完为止。	
		代理人培训	3	1/3以上执业代理人参加国家局或省局举办的各类培训得3分，每少1人扣1分，扣完为止。	
		代理人培养	3	内部培养具有代理人资格证人员1人得2分，2人以上得3分。（含省证）	
	服务社会工作（15分）	制度规范	4	按要求修订完善内部管理、服务流程、收费标准等相关制度，一项工作未做好扣1分，扣完为止。	
		专利扫零	4	为零专利企业申报专利两家以上得2分，每多一家加0.5分，累计不超过4分；每少一家扣1分，扣完为止。	
		社会公益活动	4	免费为学生、社会特困群体代理专利申请2件以上得2分，每超过一件加0.5分，累计不超过4分；每少一件扣1分，扣完为止。	
		省局布置工作	3	按要求完成省局布置的课题调研、培训授课、企业对接等其他工作任务得满分，一项工作未做好扣1分，扣完为止。	
	服务网络覆盖（10分）	在专利代理服务机构空白地区设立分支机构	5	以当年分支机构设立数量最多的机构为满分，其他机构得分按比例依次递减。	
		在专利代理服务机构空白地区设立工作站	5	以当年工作站设立数量最多的机构为满分，其他机构得分按比例依次递减。	

续表

	二级指标	考核内容	分值	评分标准	考评分
加分项目（10分）	1	通知书本地打印	1	按要求开展通知书本地打印业务得 1 分，未开展不得分。	
	2	网上银行	1	积极开展网上银行业务得 1 分，未开展不得分。	
	3	获得荣誉	2	获一项国家级集体荣誉或省级集体荣誉加 1 分，每多一项加 0. 5 分，累计不超过 2 分。	
	4	人才引进	2	从省外引进一名从业十年以上的代理高级人才，每引进 1 人加 1 分，累计加分不超过 2 分。	
	5	优秀专利评选	2	获奖文件占推荐总数 15% 以上，每多一件加 1 分，累计加分不超过 2 分。	
	6	专利诉讼或无效案件	2	代理一件重大专利案件、专利诉讼或无效案件并胜诉加 1 分，累计加分不超过 2 分。（附背景材料）	

河南省知识产权局
关于印发《河南省专利导航产业发展实验区管理办法》的通知

豫知〔2016〕53号

各省辖市、省直管县（市）知识产权局，各有关单位：

为贯彻落实《国务院关于新形势下加快知识产权强国建设的若干意见》（国发〔2015〕71号），深入实施知识产权战略，大力培育发展知识产权密集型产业，引领产业集聚区创新驱动发展，规范河南省专利导航产业发展实验区管理，我局制定了《河南省专利导航产业发展实验区管理办法》。现印发给你们，请认真贯彻执行。

附件：河南省专利导航产业发展实验区管理办法

河南省知识产权局

2016年7月19日

附件

河南省专利导航产业发展实验区管理办法

第一章　总则

第一条　为贯彻落实《国务院关于新形势下加快知识产权强国建设的若干意见》（国发〔2015〕71 号），深入实施知识产权战略，大力培育发展知识产权密集型产业，引领产业集聚区创新驱动发展，规范河南省专利导航产业发展实验区管理，制定本办法。

第二条　河南省专利导航产业发展实验区按照“自愿申报、择优评定、分类指导、分级管理”的原则进行管理。

第三条　河南省专利导航产业发展实验区工作面向全省具备条件的园区开展，河南省专利导航产业发展实验区建设分为初建和示范两个阶段。

第四条　河南省专利导航产业发展实验区的建设承担主体为园区管理委员会、县（市、区）人民政府。

第五条　省知识产权局负责河南省专利导航产业发展实验区的评定考核、宏观管理和工作指导，各省辖市、省直管县（市）知识产权局负责本地区专利导航产业发展实验区的申报推荐、日常管理和业务指导。

第二章　河南省专利导航产业发展实验区的评定

第六条　初建阶段申报主体

河南省专利导航产业发展实验区的申报主体为园区管委会或所在地县级（含）以上人民政府。

河南省专利导航产业发展实验区建设有省级以上行业协会参与的，县级以上人民政府应与行业协会签署合作协议。

园区是指包括国家知识产权试点示范园区，国家级高新技术产业开发区、经济技术开发区等园区，国家知识产权试点示范城市中开展过专利导航相关工作的产业集聚区，国家知识产权强县工程试点示范县（区）所辖产业集聚区，以及省级重点产业集聚区等。

第七条 初建阶段申报条件

申报初建阶段的园区应具备以下基本条件：

1. 知识产权管理及投入。有知识产权专门工作机构、专职人员及充足的工作经费。

2. 专利导航产业基础。园区专利拥有量达到一定规模。已选定符合《中国制造 2025 河南行动纲要》中所确定重点发展的某一专利密集型产业，并设有适应产业发展的专业化管理机构，有一定规模的产业集聚。

3. 知识产权服务工作基础。申报地政府管理机构选定有符合开展专利导航服务条件的、具有专利代理资质或具有专利分析评议资质的服务机构（政府与服务机构签订有服务协议），专利信息服务利用等工作扎实。

4. 政策环境。具有相对集中、边界清晰的实验区建设范围，地方政府已出台或拟出台支持实验区建设的具体政策和措施。

第八条 初建阶段申报材料

1.《河南省专利导航产业发展实验区申报书》。

2. 初建方案。申报主体应会同所在省辖市知识产权局，研究制定“河南省专利导航产业发展实验区建设方案”。

3. 相关证明材料。证明符合申报条件的有关材料。

4. 建设承诺书。园区所在地县级以上人民政府应签署河南省专利导航产业发展实验区建设承诺书。

第九条 初建阶段申报程序

1. 河南省专利导航产业发展实验区申报材料由园区管理委员会或所在地县级人民政府报送省辖市知识产权局初审。省直管县（市）在省知识产权局指导下可直接申报。

2. 省辖市知识产权局对河南省专利导航产业发展实验区建设方案、相关证明材料和建设承诺书进行初步审核，出具审核意见，连同申报材料报送省知识产权局。

3. 省知识产权局对申报材料进行审核，并组织专家对河南省专利导航产业发展实验区建设方案进行评审。

4. 省知识产权局根据专家评审结果确定河南省专利导航产业发展实验区，

并对建设方案进行批复。

第十条 省知识产权局原则上每年上半年受理河南省专利导航产业发展实验区申报，7 月份集中开展评定工作，确定初建阶段实验区名单。

第十一条 被批准进入初建阶段的河南省专利导航产业发展实验区，应当于批准之日起 2 个月内，修改完善工作方案，并发布实施。

第十二条 申请进入示范阶段的河南省专利导航产业发展实验区申报条件：

1. 通过初建阶段考核验收。每万人口发明专利拥有量不低于 10 件。专利导航产业拥有一定数量的国外专利或 PCT 专利申请不低于 50 件。

2. 导航优势明显。专利导航工作体制机制较为完善，建立重大经济活动知识产权分析评议机制，专利导航产业创新发展规划实施效果明显，企业专利导航工作深入，专利运营、高价值专利培育及专利布局工作取得初步成效。在导航产业对技术研发方向、路线选择和各类创新资源配置的导向作用明显。

3. 条件保障到位。知识产权专职工作人员 2 人以上、服务机构人员 10 人以上，上年度知识产权专项经费占实验区财政一般预算支出高于 0.05%。

4. 建设环境良好。实验区高度重视知识产权工作，将实验区知识产权工作纳入政府年度考核指标，具有健全的政策体系和高效的管理机制。

第十三条 申请进入示范阶段的河南省专利导航产业发展示范实验区申报程序：

1. 符合申报条件的实验区向省辖市知识产权局提出申请，并提交《河南省专利导航产业发展实验区考核指标》自评表和相关证明材料。省直管县（市）在省知识产权局指导下可直接申报。

2. 省辖市知识产权局负责对实验区申报材料进行审核把关，向省知识产权局提交书面推荐函。

3. 省知识产权局对申请进入示范阶段的实验区组织评定，确定进入示范阶段实验区名单。

第十四条 申请进入示范阶段的河南省专利导航产业发展实验区应于批准后 3 个月内，制定并印发实验区 3 年工作规划。

第三章 河南省专利导航产业发展实验区的管理

第十五条 河南省专利导航产业发展实验区初建阶段为 2 年，示范阶段为 3 年，均自批准之日起计算。

第十六条 河南省专利导航产业发展实验区应于每年1月底通过省辖市知识产权局向河南省知识产权局报送上年度工作总结、有关统计信息和下一年度工作计划。

第十七条 河南省专利导航产业发展实验区建设期间，省辖市知识产权局应对实验区进行督促检查，确保建设方案有效实施；将实验区作为相关专项工作的推进平台，重点进行政策扶持和业务指导。河南省知识产权局结合年度工作重点，给予政策和重点项目支持，对国家自主创新示范区已经成熟的激励政策，优先支持推广，推动国家和省级知识产权相关重大改革、重点项目等在实验区先行先试。

实验区有关知识产权重大事项应及时向河南省知识产权局报告。

第十八条 河南省专利导航产业发展实验区分阶段建设期满后，省知识产权局依据实验区初建方案（工作规划）和《河南省专利导航产业发展实验区考核指标》（另行发布）对实验区进行考核验收（复核）。

第十九条 有下列情形之一的，河南省专利导航产业发展实验区考核验收（复核）不予通过，实验区称号取消：

1. 建设方案目标和任务未完成的。

2. 期间未按要求完成河南省知识产权局部署的年度工作两次以上的。

3. 实验区初建阶段《河南省专利导航产业发展实验区考核指标》得分未达到70分的。实验区示范阶段《河南省专利导航产业发展实验区考核指标》得分未达到80分的。

第二十条 初建阶段通过考核验收的河南省专利导航产业发展实验区，具备申报示范阶段实验区资格。未通过初建阶段考核验收的实验区，可于2个月内制定新的整改工作方案，经省辖市知识产权局审核后，报送省知识产权局备案，1年内考核仍未通过的，取消河南省专利导航产业发展实验区称号。

3年工作期满，通过复核的示范阶段实验区，保留河南省专利导航产业发展实验区称号，制定并印发新的示范阶段实验区3年工作规划，继续开展示范阶段实验区建设工作。未通过复核的示范实验区，给予1年整改期，整改后仍不合格的，取消河南省专利导航产业发展实验区称号。

第二十一条 对新设立和通过年度考核的实验区给予奖补。对考核突出的实验区优先推荐申报国家级专利导航产业发展实验区。对已经进入国家专利导航产业发展实验区的参考省级实验区给予奖补。

第二十二条 具有下列情况之一的，一经发现，将终止实验区工作：

1. 以不当方法影响实验区评定、考核验收或复核的。

2. 在报送材料中弄虚作假的。

3. 对发生重大群体性、反复、恶意知识产权侵权事件，在全国范围内造成恶劣影响，未能采取有效措施及时遏制的。

第二十三条 实验区出现工作终止、未通过考核验收或复核等情形的，在对外宣传中不得继续使用实验区称号。

工作终止的园区 2 年内不得重新申报实验区。

第二十四条 省知识产权局建立实验区名单发布制度，及时更新和公布在册和退出实验区名单。

第四章 附则

第二十五条 本办法由省知识产权局负责解释。省辖市知识产权局可以依照本办法，制（修）订本地区知识产权试点示范工作有关管理办法。

第二十六条 本办法自颁布之日起实施。本办法施行前发布的有关文件与本办法不一致的，按照本办法执行。

河南省知识产权局关于印发河南省产业集聚区知识产权维权援助工作站管理办法的通知

豫知〔2016〕73号

各省辖市、省直管县（市）知识产权局，各知识产权维权援助中心：

现将《河南省产业集聚区知识产权维权援助工作站管理办法》印发你们，请结合实际，参照执行。

2016年9月13日

河南省产业集聚区知识产权维权援助工作站管理办法

第一章　总则

第一条　为推进产业集聚区知识产权维权援助工作站建设，完善知识产权保护与服务体系，发挥工作站作用，服务产业集聚区提质转型创新发展，有力推进知识产权强省试点省建设，根据《河南省产业集聚区知识产权维权援助工作方案》（豫知〔2016〕45号），制定本办法。

第二条　产业集聚区知识产权维权援助工作站（简称“工作站”），是指由各省辖市、省直管县（市）知识产权维权援助中心（分中心）审核批准设立的知识产权维权援助公益性服务机构。

第三条　产业集聚区知识产权维权援助工作站的建设、管理和服务适用本办法。

第二章　职能

第四条　工作站的主要职能是为产业集聚区企业提供知识产权维权援助服务，建立健全知识产权维权援助举报投诉服务网络，指导帮助企业提高知识产权管理水平，畅通知识产权保护与服务渠道，提升企业核心竞争力，服务产业集聚区提质转型创新发展。

第五条　工作站的职责：

（一）提供知识产权法律、法规和政策等方面的咨询。

（二）开展知识产权维权援助，引导产业集聚区企业积极维权，指导和帮助企业正确应对涉外知识产权纠纷。

（三）接收知识产权违法举报投诉，及时将举报投诉案件移交维权援助中心（分中心）或知识产权管理部门。

（四）向产业集聚区企业宣传知识产权强国、强省建设，组织知识产权创造、运用、保护和管理等方面的培训，协助产业集聚区企业开展专利“消零”活动，普及知识产权法律知识。

（五）围绕实施知识产权战略，推进知识产权强企建设工作。

（六）负责产业集聚区内企业相关知识产权状况调查、登记与评估，及时向中心（分中心）反馈重大知识产权事宜。

第六条　工作站应遵循“公开公平、优质高效”的原则，为产业集聚区企业提供知识产权维权援助和举报投诉服务。

第七条　工作站应定期深入企业开展调研，主动提供知识产权相关指导和服务。

第三章　设立

第八条　设立工作站的条件：

（一）产业集聚区领导重视知识产权工作。

（二）拥有 2~3 名具备一定程度知识产权专业知识及业务能力的专兼职工作人员。

（三）有固定的办公场所、设施和所需的经费保障。

（四）制定切合实际的工作站管理制度等。

第九条　申请设立流程：

（一）产业集聚区向省辖市、省直管县（市）知识产权维权援助中心（分中心）提出申请，填写工作站设立申请表格，制定并提交工作站建设方案。

（二）省辖市、省直管县（市）知识产权维权援助中心（分中心）审核相关材料，并实地考察。

（三）省辖市、省直管县（市）知识产权维权援助中心（分中心）行文设立工作站。

（四）省辖市、省直管县（市）知识产权维权援助中心（分中心）须将设立工作站备案表及行文设立工作站材料，报请省知识产权局和中国（河南）知识产权维权援助中心备案。

第四章 管理

第十条 工作站应在省辖市、省直管县（市）知识产权维权援助中心（分中心）指导下开展工作。

第十一条 工作站需建立健全知识产权维权援助、举报投诉奖励、企业及个人社会诚信、重大项目评议、知识产权咨询等各项制度，规范服务流程，简化办事程序，建立与知识产权管理部门和知识产权维权援助中心（分中心）快速互动机制，加快案件受理转办，及时通报重大事项。

第十二条 工作站应年初研究确定全年工作计划，年终按要求报送工作总结。

第十三条 工作站工作人员应参照《河南省知识产权维权援助中心工作人员服务规范（试行）》（豫知〔2014〕5号）开展服务，提高服务质量和水平。

第十四条 工作站工作人员应定期参加知识产权管理部门和维权援助中心（分中心）举办的业务培训与工作交流，提高业务能力和工作水平。

第十五条 河南省知识产权局、中国（河南）知识产权维权援助中心可会同省辖市、省直管县（市）知识产权维权援助中心（分中心）定期对备案登记的工作站进行指导检查，根据需要开展绩效管理。

第五章 附则

第十六条 本办法由河南省知识产权局负责解释。

第十七条 本办法自公布之日起施行。

附件1：产业集聚区知识产权维权援助工作站设立申请表

附件2：新设立产业集聚区知识产权维权援助工作站备案表

附件 1

产业集聚区知识产权维权援助工作站设立申请表

产业集聚区名称			
负责人		职务	
联系人		职务	
联系方式		电子邮箱	
产业集聚区基本情况			
审批单位			
负责人		职务	
联系人		职务	
联系方式		电子邮箱	
拟设立工作站名称			
负责人		职务	
联系方式		电子邮箱	
办公人数		其中专职	
办公地点			

申请单位（公章）：

日期：　　年　　月　　日

（可另附页）

附件2

新设立产业集聚区知识产权维权援助工作站备案表

工作站名称	产业集聚区	负责人	职务	联系方式	电子邮箱	办公人数	其中专职	办公地点

工作站审批单位（公章）：

日期：　　年　月　日

河南省知识产权局 关于印发《河南省重大经济活动知识产权评议办法》的通知

豫知〔2016〕86 号

各省辖市、省直管县（市）知识产权局：

为贯彻落实国务院《关于新形势下加快知识产权强国建设的若干意见》《国家知识产权战略纲要》的要求，规范我省重大经济活动知识产权评议工作，我局制定了《河南省重大经济活动知识产权评议办法》，请各单位结合工作实际认真贯彻执行。

特此通知。

2016 年 12 月 2 日

河南省重大经济活动知识产权评议办法

第一章 总则

第一条 为贯彻落实国务院《关于新形势下加快知识产权强国建设的若干意见》《国家知识产权战略纲要》的要求，提高公共财政投入使用效率和产出效益，防范知识产权风险，提高自主创新能力，全面实施创新驱动发展战略，加快建设知识产权强省，特制定本办法。

第二条 本办法所称的知识产权评议是指通过知识产权信息的分析挖掘和调查研究，对重大科技活动所涉及的知识产权竞争状况进行评估、评价和审查，了解发展态势，针对潜在问题提出解决建议或咨询参考，支持公共政策制定部门提高决策科学化程度、优化创新路径、建立竞争优势、避免重大损失的高技术服务活动。

第三条 重大经济活动是指政府投资或财政支持的项目中使用国有资产金额较大或对我省经济社会发展影响重大的经济活动。

第四条 重大经济活动知识产权评议，应当遵循客观、公正、科学、保密原则。

第二章 评议对象和内容

第五条 重大经济活动评议的对象主要包括但不限于科技创新计划管理、科技成果产业化、技术引进、产品出口、企业并购、企业上市、高技术人才引进、技术标准、境外参展活动。

第六条 重大经济活动评议的内容包括法律类、技术类和市场类分析。

第七条 知识产权评议的法律类分析主要是知识产权法律信息查证、知识产权法律风险分析、目标市场知识产权法律环境调查、知识产权稳定性评价、知识产权保护强度评价等。

第八条 知识产权评议的技术类分析主要是专利技术趋势分析、专利技术竞争热度分析、创新空间分析、技术核心度调查等。

第九条 知识产权评议的市场类分析主要是产业知识产权竞争状况调查、目标对象知识产权策略及实力评价、知识产权资产审计与评估、知识产权经济效益调查等。

第三章 评议程序

第十条 省级人民政府工作部门，在省内的企事业单位可以单独或共同申报重大经济活动知识产权评议项目。

第十一条 申报评议项目应提交项目申报书，内容包括：重大经济活动项目概况、技术发展趋势和市场价值、知识产权评议需求、预期成果等，并由申报单位盖章确认。

第十二条 省知识产权局组织评议项目申报，并从河南省知识产权专家库中选取专家，组成评审组进行书面评审；必要时，评审组可听取汇报、进行现场考察。

第十三条 省知识产权局依照评审组意见，经局办公会审核通过的评议项目，与项目承担单位签订评议项目协议书，并给予一定数额的资金支持。

第十四条 项目承担单位应选择具有知识产权评议能力的机构开展评议工作，并签订评议项目委托书。

第十五条 项目承担单位应按照评议项目协议书的要求组织实施。省知识产权局可根据实际需要开展评议项目的管理监督工作。

第十六条 项目承担单位应按照评议项目协议书的时间要求提交项目评议报告、评议成果和资金使用情况。

第十七条 省知识产权局负责对评议项目开展验收考核。从知识产权专家库中选取专家组成考核组，听取项目承担单位汇报、审核评议报告和评议成果、出具考核意见。

第十八条 省知识产权局依据考核意见，经局办公会审核通过后，将考核结果书面通知承担单位。

第四章 附则

第十九条 本办法执行中的具体问题，由省知识产权局负责解释。

第二十条 本办法自发布之日起施行。本省有关知识产权评议的规定与本办法相抵触的同时废止。

省辖市、省直管县（市）知识产权政策法规

鹤　壁　市

《关于印发鹤壁市知识产权战略2016年推进计划的通知》（鹤知战办〔2016〕1号）。

内容提要：为贯彻落实《国务院关于新形势下加快知识产权强国建设的若干意见》（国发〔2015〕71号），鹤壁市知识产权局结合各成员单位年度知识产权战略推进工作重点，制定2016年鹤壁市知识产权战略纲要实施推进计划。主要内容为：①强化知识产权保护，鼓励创新创造；②促进知识产权创造运用，支撑产业转型升级；③加强知识产权管理和服务，促进创新成果转化；④拓展知识产权交流合作，推动竞争力提升。

焦　作　市

《中共焦作市委焦作市人民政府关于引进培育创新创业领军人才（团队）的意见》（焦发〔2016〕9号），2016年9月1日 。

内容提要：围绕焦作市优势产业和战略新兴产业，重点围绕高端装备制造、新能源汽车、生物医药、节能环保、高成长性服务业，大力引进培育创新创业领军人才（团队），5年内引进培育20个领军型科技创新创业团队；引进培育300名具有较强创新创业能力的科技创新创业领军人才和高层次创新创业人才；培养80名拥有核心自主知识产权的科技创业企业家；建成10个技术创新基地，形成人才与科技相辅相成、创新与创业紧密结合、企业与产业协调发展的良好局面，把焦作打造成为更具活力、更具吸引力、更具竞争力的新型工业城、区域中心城。

《关于印发焦作市引进培育创新创业领军人才（团队）实施办法的通知》

（焦办〔2016〕36 号），2016 年 9 月 1 日。

内容提要：围绕焦作市优势产业和战略新兴产业，力争 5 年内引进培育一批领军型科技创新创业团队，一批具有较强创新创业能力的科技创新创业领军人才和高层次创新创业人才，为产业转型升级提供人才支撑和智力保障，助推焦作早日跻身全省“第一方阵”，在中原崛起中更加出彩。

《关于印发 2016 年焦作市打击侵犯知识产权和制售假冒伪劣商品工作方案》（焦政办〔2016〕130 号），2016 年 10 月 10 日。

内容提要：加强重点领域治理；强化行业日常监管；加强法规和制度建设；积极推进执法司法衔接与部门、区域协作工作；推动打防结合打建结合工作。

《关于印发焦作市 2016 年科技信息企业推广应用服务项目实施方案的通知》（焦科协〔2016〕17 号），2016 年 6 月 12 日。

内容提要：建立焦作市科技信息服务子站；开展科技信息企业推广应用“一站式”服务；组织一批本地工程技术专家精准对接科技信息应用企业；开展实施知识产权战略巡讲。

《关于做好 2016 年度全市推进服务型行政执法建设工作的通知》（焦推法办〔2016〕1 号），2016 年 4 月 29 日。

内容提要：

（1）突出重点，不断创新发展。主要措施有：①持续完善服务体系。②深入推行行政指导。③稳步推进行政调解。④切实抓好队伍建设。

（2）明确要求，抓好工作落实。主要措施有：①加强组织领导。②做好示范引领。③强化推进机制。④注重总结宣传。

濮　阳　市

《中共濮阳市委濮阳市人民政府关于加快深化科技体制改革推进创新驱动发展若干实施意见》（濮发〔2016〕3 号）。

内容提要：为深入贯彻落实《中共河南省委河南省人民政府关于深化科技体制改革推进创新驱动发展若干实施意见》（豫发〔2015〕13 号）精神，全面深化科技体制改革，加快实施创新驱动发展战略，结合濮阳实际，提出如下意见：①总体要求和主要目标；②促进企业成为技术创新主体；③围绕产业链部署创新链；④强化金融服务创新的功能；⑤完善技术转移转化机制；⑥增强高等院校、科研院所创新活力；⑦创新人才队伍建设机制；⑧推进开放式创新；⑨推进各类科技园区建设；⑩优化创新驱动发展环境。

《关于印发濮阳市加快实施知识产权战略促进专利技术产业化的若干措施的通知》（濮政〔2016〕79 号），2016 年 11 月 18 日。

内容提要：为深入贯彻国家、省、市有关知识产权文件精神，加快实施知识产权战略，促进专利技术产业化，全面提升濮阳市知识产权创造、运用、保护、管理和服务能力，保障和激励创新创业，推动濮阳创新驱动发展，结合濮阳市实际，制定了十项措施：①实施专利技术产业化示范工程；②支持优秀专利技术转移转化；③大力推进知识产权投融资试点城市建设；④激励和优化专利创造；⑤加大知识产权优势培育力度；⑥建设专利运营公共服务平台；⑦大力培育知识产权服务机构；⑧实行严格的知识产权保护；⑨积极培养、引进知识产权专业人才；⑩优化知识产权工作发展环境。

新　乡　市

《中共新乡市委新乡市人民政府关于印发<郑洛新国家自主创新示范区新乡片区建设实施方案>的通知》（新发〔2016〕26 号）。

内容提要：为加快推进郑洛新国家自主创新示范区新乡片区建设，努力把新乡片区建设成为创新环境优越、创新要素集聚、创新体系完善、创新成效明显的示范区。中共新乡市委、新乡市人民政府印发了《郑洛新国家自主创新示范区新乡片区建设实施方案》。

《中共新乡市委新乡市人民政府关于加快推进新乡国家自主创新示范区建设的若干意见》（新发〔2016〕32 号）。

内容提要：为全面启动并加快推进新乡国家自主创新示范区建设，充分发挥示范区的示范引领、辐射带动作用，中共新乡市委、新乡市人民政府印发了《关于加快推进新乡国家自主创新示范区建设的若干意见》。

许　昌　市

《许昌市人民政府关于加快发展科技服务业完善区域创新创业生态体系的实

施意见》（许政〔2016〕20号），2016年3月31日。

内容提要：对在许昌市注册、经国家知识产权局批准从事专利代理服务活动的机构，一次性给予10万元的经费支持，对其中代理许昌市发明专利年授权数量超过50件的，每件当年给予1 000元奖励。

《许昌市专利资助资金管理办法》（许政办〔2016〕48号），2016年6月17日。

内容提要：为增强知识产权意识，鼓励发明创造和调动专利申请的积极性，有效提高专利质量，推动科技进步和经济社会发展，提升国家知识产权示范城市建设水平，特设立许昌市专利资助资金。

《中共许昌市委许昌市人民政府关于增强自主创新能力建设创新型许昌的决定》（许发〔2016〕7号）。

漯 河 市

《中共漯河市委漯河市人民政府关于加快创新驱动发展的实施意见 》（漯发〔2016〕27号），2016年12月29日。

内容提要：引导科技银行、保险、担保、创投等各类科技金融载体密切合作，着力打造政府资金与社会资金、直接融资与间接融资、股权融资与债权融资有机结合的多元化、多层次、多渠道的科技投融资体系。鼓励融资性担保机构为知识产权质押融资提供担保服务，引导金融机构开展知识产权质押贷款等新型信贷业务，市财政对单个中小微企业专利质押融资贷款利息、评估、担保、保险等费用给予不超过实际发生额50%、年贴息不超过20万元的补助。加强多层次科技资本市场体系建设。各县区要设立科技创业投资引导基金，并积极与社会创投机构合作成立风险投资基金，放大投资效应，支持科技小微企业发展；支持具备条件的企业上市融资，实施战略性并购重组和产业整合，提升整体实力。在全市规模以上工业企业中开展专利“消零”行动，对授权的发明专利、植物新品种、新特药证书、集成电路布图设计，市财政给予每件1万元奖励。对漯河市拥有的有效发明专利，由市财政统一缴纳发明专利保护年费。尝试建立完善知识产权民事、刑事、行政案件“三审合一”制度。健全侵权查处机制，将知识产权侵权行为纳入社会信用记录。

邓　州　市

《关于印发邓州市支持大众创业万众创新扶持政策的通知》（邓政〔2016〕39号）。

内容提要： 为贯彻党中央、国务院关于进一步激励大众创业、万众创新的精神，落实《河南省人民政府关于发展众创空间推进大众创新创业的实施意见》（豫政〔2015〕31号）要求，加快发展邓州市众创空间、“互联网+”等创新创业服务平台，激发创新创业活力，营造良好的创新创业生态环境，打造经济发展新引擎，结合邓州市实际，提出了30条扶持政策，内容涉及市政府16个部门，其中专利奖励有2条（文件中第28、29条）。

滑　　县

《滑县人民政府关于深化科技创新引领产业转型升级的实施意见》（滑政〔2016〕12号）。

内容提要： 对授权的国家发明专利、实用新型专利、外观设计专利每件分别奖励专利发明人3万元、0.5万元、0.2万元。

知识产权重大项目

河南省知识产权重大项目

一、国家知识产权局专利审查协作河南中心

（一）基本建设情况

审查协作河南中心建设是国家知识产权局和河南省人民政府合力推进重点建设项目，项目总投资12亿元，建筑面积占地近7万平方米，建筑面积8万平方米，建设总规模为12.5万平方米。按照边建边运行的工作思路，审协河南中心2016年共完成结案专利15.37万件，省人民政府投资6.7个亿资金已全部到位，主体已满足入驻条件。

（二）人才队伍现状

审协河南中心内设11个处级机构，下设47各科级机构。现有正式人员990人，挂职借调人员26人，行政文员28人。在人才结构方面，硕士以上学历人员占员工总数的94%，员工平均年龄29周岁，河南籍员工超过80%。中心现有领军人才1人，高层次人才7人，骨干人才23人，国家知识产权专家库专家1人，国际型审查人才3人，河南省知识产权局高层次培养人才2人，研究员4人，副研究员15人，助理研究员51人。

（三）社会服务工作

审查协作河南中心与郑州、新乡、安阳、许昌等多个地市签订了知识产权服务合作协议，全面支撑郑州国家专利导航产业发展实验区及多个省级专利导航产业发展实验区的建设工作。中心加强服务平台的设立，以点带面输送资源优势支持河南经济社会发展。11月，中心在许昌挂牌成立了首个社会服务工作站。截至2016年底，中心已承接河南省专利导航、专利预警、无效分析、专利检索等项目20余项。9月，在河南中心的争取下，国家知识产权局主办的“知识产权走基层，服务经济万里行”大型活动在河南省启动，在郑州、许昌等地举办了多场专项活动。

二、国家知识产权创意产业试点园区

国家知识产权创意产业试点园区建设工作是国家知识产权局与河南省人民政府合作会商的重点工作事项。2011 年 10 月，国家知识产权局与河南省人民政府联合印发《国家知识产权创意产业试点园区建设工作方案》（国知发管字〔2011〕127 号）。河南省知识产权局指导郑州市有关单位起草制定了《国家知识产权创意产业试点园区发展规划（2016—2020 年）》，并提请国家知识产权局与省人民政府共同印发。累计完成固定资产总投资 270 亿元，入驻企业 157 家，从业人员达到 1.2 万人；入驻企业累计专利申请量达到 3 508 件，成为河南省自主知识产权产出最为密集的区域之一。

三、国家专利导航（超硬材料）产业发展实验区

（一）国家专利导航产业发展实验区建设

河南省建立了国家知识产权局、河南省知识产权局、郑州市人民政府、荥阳市人民政府四方工作联动机制。启动了实验区建设三年行动方案（2016—2018 年）。构建完善了专利导航综合服务平台，建设了知识产权综合服务大厅。推进了专利储备运营，参与了新材料产业专利运营基金的设立工作。累计签约项目 44 个，合同总投资 185 亿元，引进域外境内资金 18 亿元，固定资产投资完成 75 亿元。

（二）专利导航产业发展工作

河南省知识产权局印发了《河南省知识产权局关于开展专利导航产业发展工作的通知》（豫知〔2016〕52 号）和《河南省专利导航产业发展实验区管理办法》（豫知〔2016〕53 号），有 12 个产业集聚区申报河南省专利导航产业发展实验区，组织了首批申报园区的评审，公示了 7 家首批省专利导航产业发展实验区拟定单位。

四、国家知识产权服务业集聚发展试验区

郑州国家知识产权服务业集聚发展试验区采取“一区多园”的建设模式，以“集聚优势、打造品牌、塑造亮点、突出特色、提升能级”为目标，通过加

快基础建设、引进品牌机构、完善服务链条、融合产业发展、服务创新创业等举措，集聚区“一区多园”的格局已经形成，“核心轴带”渐显雏形。截至2016年底，集聚区内集聚知识产权服务机构200余家，服务内容涵盖了知识产权代理、法律、信息、商用化、咨询和培训等全链条的知识产权服务，形成了立足郑州、服务中原、辐射全国的发展态势。集聚区于2016年9月，通过国家知识产权局验收。全年专利申请量达到37 411件，年均增长36%；授权量17 884件，年均增长31.5%。每万人发明专利拥有量由2013年末的4.62件提高到2016年末的8.76件，增幅达89.6%。

五、中国郑州（创意产业）知识产权快速维权中心

2016年8月31日，国家知识产权局正式下发文件《国家知识产权局关于同意设立中国郑州（创意产业）知识产权快速维权中心的批复》（国知发管字〔2016〕167号），同意设立中国郑州（创意产业）知识产权快速维权中心，面向全省外观设计专利申请开展快速授权、确权、维权业务。截至2016年底，快速维权中心硬件设施、工作人员等配备全部到位，中心下设综合管理科、审查检索科、执法维权科3个科室，面向全市企业开设快速授权、确权和维权绿色通道。为整合资源支持快速维权中心建设，河南省知识产权局把国家知识产权局专利复审委员会第九巡回审理庭迁移至中国郑州（创意产业）知识产权快速维权中心，推动快速维权中心功能升级。

省辖市、省直管县（市）知识产权重大项目

洛　阳　市

2016 年，洛阳高新区机器人及智能装备专利导航产业发展实验区、洛阳涧西区农机装备专利导航产业发展实验区获批河南省专利导航产业发展实验区。

鹤　壁　市

2016 年，鹤壁市知识产权局申报的河南省专利导航（镁材料）发展实验区获得河南省知识产权局审批通过。

新　乡　市

2016 年，新乡市政府与国家知识产权局专利局专利审查协作河南中心、河南省知识产权局围绕知识产权助力创新驱动发展战略和自主创新示范区建设举行工作会商，并与审查协作河南中心签署“知识产权服务合作议定书”。

濮　阳　市

一、濮东产业集聚区

2016 年，河南省知识产权局对第一批专利导航产业发展实验区进行公示，濮东产业集聚区成为河南省首批 7 个专利导航产业发展实验区之一。

濮东产业集聚区是省级重点产业集聚区、首批省知识产权优势区域，主导产业为石油机械装备制造。该产业集聚区知识产权管理机构健全、投入到位，知识产权服务工作基础良好，政策体系健全，规划相对集中且边界清晰，专利导航产业基础优势明显。其主导产业石油机械装备制造，占全市石油机械装备制造企业总量的 75%，产品涉及钻井、采油、动力、物探、测井、海洋等 8 大装备 300 多

个品种，覆盖“钻井-采油-集输”3个环节，形成了产品相对多元，规格基本齐全，骨干企业引领，中小企业配套补充、联动发展的产业体系，具备申报河南省专利导航产业发展实验区的基础条件。

二、专利技术产业化重大专项

2016年，濮阳市知识产权局开展了2016年专利技术产业化重大专项申报工作，共申报13家企业，遴选濮阳市诚信钻采助剂有限公司、濮阳泓天威药业有限公司、濮阳市鸿宇压力容器有限公司、濮阳市明锐建筑节能技术有限公司、濮阳市农科农化有限公司等5家企业承担了专利技术产业化重大专项，实施期1年。濮阳市知识产权局组织专家进行了现场验收，5家企业均实现了预期目标，各获得10万元资金支持。2016年，5家企业共转化专利300余件，新增专利产品销售收入6 517万元，新增利税921万元；新申请专利50件，其中发明专利19件；新增就业59人。泓天威药业有限公司通过开展颗粒状预混剂马度米星铵发明专利技术产业化配套研究，对造粒设备、粒度控制设备、产品收率关键控制设备及工艺流配方进行完善，形成整套专利产业化生产线及生产工艺。项目实施期间，已经完成出口450吨，超目标130%，该专利技术产品市场占有率达到50%以上，成为公司新的利润点。

许　昌　市

许昌市政府于2015年与国家知识产权局专利审查协作河南中心签订知识产权服务协议，2016年10月21日，举行社会服务工作站揭牌仪式。许昌市知识产权局在河南黄河旋风股份有限公司、许昌远东传动轴股份有限公司2家企业设立了流动工作站，开展了专利微导航，许昌市科技局通过后补助的形式从科技经费中补助10万元。工作站办公场所设在许昌市科技大市场，站长由审查协作河南中心派出，副站长及工作人员由许昌市知识产权局负责选派。许昌市科技局每年从科技经费中列支30万元，用于工作站日常运营、专利数据库的建设及维护、审查员流动工作站建设、专业技术人才培训、专利巡回审查等。

长 垣 县

2016 年，长垣县申报的长垣县起重装备产业专利导航发展实验区获得河南省知识产权局审批通过。

专利创造

河南省专利创造工作

一、概况

2016 年，全年专利累计申请量达 94 669 件，同比增长 27.3%，授权量 49 145件，同比增长 2.9%。全年发明专利申请量 28 582 件，同比增长 33.9%，发明授权量 6 811 件，同比增长 26.5%。全省拥有有效发明专利达到 22 601 件，每万人口拥有有效发明专利达到 2.4 件，较 2015 年度增长 29%。

二、中国专利奖获奖情况

2016 年，河南省知识产权局组织各有关单位推荐项目共41 项，最终有 13 项获第十八届中国专利优秀奖，其中发明专利 10 项，实用新型专利 2 项，外观设计专利 1 项。

三、河南省专利奖设立工作

河南省知识产权局拟定《河南省专利奖励办法》，由河南省人民政府转省人力资源社会保障厅、财政厅、科技厅、省人民政府法制办征求意见。根据各厅办反馈意见，组织专家对《河南省专利奖励办法》进行修改。按照省级表彰程序的规定和要求，向省评比达标表彰工作协调小组办公室提出专项申请，经省评比达标表彰工作协调小组会议审核通过，报省人民政府同意，上报国务院审批。河南省知识产权局与省公务员局联合赴山东、甘肃、广东，就各省专利奖、评比达标表彰等工作情况进行调研，撰写完成了《关于赴山东、甘肃、广东省知识产权局考察调研的情况汇报》，对全省各省辖市（直管县）专利奖设立情况展开摸底统计。

四、产业集聚区知识产权专项行动

2016 年，河南省知识产权局制定出台了年度工作方案，共组织各地市 54 家产业集聚区开展知识产权专项行动，涉及企业 1 250 家。截至 2016 年底，全年共有 49 家产业集聚区完成了 70%专利“消零”的目标任务。

五、知识产权强企

（一）开展省级企业知识产权强企备案工作

制定《河南省知识产权强企培育备案管理办法》，根据管理办法对企业规模、专利及发明专利申请授权量、自主知识产权产品占比等设定备案门槛，确定强企备案分为 3 个等级：领军企业、示范企业、优势企业；下发了《关于开展河南省知识产权强企培育工作的通知》（豫知函〔2016〕61 号），征集强企备案企业 90 家，其中许继集团有限公司等 4 家企业符合强企领军企业备案条件，永城煤电控股集团有限公司等 8 家企业符合强企示范企业备案条件，中国建筑第七工程局有限公司等 59 家企业符合强企优势企业备案条件，首批备案的省知识产权强企达 71 家。

（二）开展国家知识产权优势示范企业培育工作

河南省知识产权局组织 2013 年度国家知识产权优势示范企业 32 家通过复核；制定了河南省对国家优势示范企业考核方案，组织 2015 年度 11 家国家知识产权优势示范企业通过年度考核；推荐中国烟草总公司郑州烟草研究院等 4 家企业申报 2016 年国家知识产权示范企业；推荐河南牧翔动物药业有限公司等 8 家企业申报 2016 年国家知识产权优势企业。

六、高校知识产权综合能力提升工作

2016 年，河南省知识产权局与河南省教育厅联合出台了《河南省高校知识产权能力提升专项行动工作方案》，推动全省 129 所高校开展知识产权能力提升专项行动。重点开展 4 项工作：①与河南省教育厅联合印发了《关于报送高校知识产权综合能力提升专项行动基本情况的通知》。②联合河南省教育厅、中原工学院召开高校知识产权工作座谈会。③与获得奖励的 12 所高校签订资金使用合同，重点对高校知识产权创造与运用工作提出了要求。④面向全省 129 所高校举办了河南省高校知识产权创造运用能力提升培训班，高校科技处负责人、知识产权工作人员约 150 人参加了培训。

通过知识产权综合能力提升专项行动的开展，2016 年全省高校申请专利 14 438件，较 2015 年增长 48%，其中发明专利申请 5 745 件，占比 40%。截至 2016 年底，高校有效发明专利拥有量达到 4 799 件，较 2015 年增长 33%。2016 年黄河科技学院以年专利申请量 1 118 件居第一位，郑州大学和河南理工大学分别以 983 件、982 件居第二、第三位。全年有专利申请的高校及中职中专共 149 家，较 2015 年增长 33 家。截至 2016 年底，郑州大学、中原工学院、河南师范大学已设立知识产权学院，探索开展本科阶段知识产权人才培养。

七、年新增专利企业情况

全年有 5 566 家企业共申请专利 48 822 件，较 2015 年申请企业数增加 1 489 家。郑州云海信息技术有限公司以 1 020 件专利申请量居全省第一位，西继迅达（许昌）电梯有限公司和许继集团有限公司分别以 633 件、508 件居第二、第三位。专利申请量在 100 件以上的有 53 家，较 2015 年增加 4 家。

八、知识产权培训基地专利创造工作

2016 年，新乡职业技术学院各类专利的申请量 191 件，授权量 185 件。

省辖市、省直管县（市）专利创造工作

郑　州　市

2016 年，郑州市专利申请量 37 411 件，授权量 17 884 件，获得中国专利奖 1 项。

开　封　市

2016 年，开封市专利申请量 1 744 件，PCT 国际专利申请量 3 件。申请量增长率为 37.8%；全市专利授权量 1 157 件，授权量增长率为 28.0%；有效发明保有量由 2015 年底的 385 件增长到 475 件，增幅 23.4%，每万人发明专利拥有量提升至 1.12 件。

2016 年，河南易成新能源股份有限公司、河南牧宝车居股份有限公司、开封市茂盛机械有限公司、开封龙宇化工有限公司、开封黄河空分集团有限公司等 5 家企业被评选为年度知识产权工作先进单位。

2016 年，开封市知识产权局评选出开封瑞科阀门有限公司、开封市茂盛机械有限公司、河南瑞创通用机械制造有限公司等 3 个知识产权优势（培育）企业，评选开封市智佳知识产权代理服务有限公司为开封市知识产权维权援助中心建设及知识产权培训单位。

2016 年，开封市知识产权局在杞县产业集聚区开展 2016 年度知识产权“消零”专项行动，确定河南万华车业有限公司等 25 家企业为 2016 年度专利“消零”目标对象，“消零”工作取得显著成效。

洛　阳　市

一、各类专利申请量、授权量

2016 年，洛阳市专利授权量 5 298 件；其中发明专利 1 668 件，同比增长

20%；有效发明 5 353 件；每万人有效专利拥有量 7. 65 件，同比增长 26%。

二、中国专利奖获奖情况

2016 年，洛阳大华重型机械有限公司、洛阳天宝环保科技有限公司、洛阳双瑞特种装备有限公司、洛阳北方玻璃技术股份有限公司、中铁隧道集团有限公司等 5 家企业获第十八届中国专利优秀奖。

三、优势企业培育工作

2016 年，洛阳兰迪玻璃机器股份有限公司在第二批国家知识产权优势企业考核中获得优秀等级。中铁隧道集团有限公司入选国家知识产权优势企业。中国船舶重工集团公司第七二五所和中信重工机械有限公司通过河南省知识产权领军企业备案（全省共 4 家）。洛阳轴研科技股份有限公司、中航锂电（洛阳）有限公司和洛阳兰迪玻璃机器股份有限公司等 3 家企业通过河南省知识产权示范企业备案。中色科技股份有限公司、洛阳北方企业集团有限公司、普莱柯生物工程股份有限公司、洛阳双瑞特种装备有限公司、洛阳北方玻璃技术股份有限公司等 5 家企业通过河南省知识产权优势企业备案。

四、产业集聚区专利“消零”工作

2016 年，洛阳市共 6 个产业集聚区参加产业集聚区专利“消零”专项行动，涉及工业企业 126 家，共申请专利 712 件，其中发明专利 288 件，实用新型专利 390 件，外观设计专利 34 件。

平 顶 山 市

2016 年，平顶山市专利申请量 2 720 件，同比增长 11. 3%，其中发明专利 894 件，同比增长 29. 8%。专利授权量 1 876 件，其中发明专利 264 件，同比增长 50%；有效发明专利 773 件，同比增长 35. 4%；每万人发明专利拥有量 1. 56 件。PCT 国际专利申请量 3 件。

2016 年，平顶山市知识产权局制定了《2016 年平顶山市产业集聚区知识产权专项行动方案》，产业集聚区规模以上工业企业发明专利“消零”率达 72%。

2016 年，平顶山市通过贯标认证企业 1 家，产业集聚区建立知识产权维权援助工作站 2 个，2 个产业集聚区参加了知识产权专项行动。

安　阳　市

一、各类专利申请量、授权量

2016 年，安阳市专利申请量 2 570 件，同比增长 38.8%，其中发明专利 784 件，同比增长 46%。专利授权量 1 291 件，同比增长 16%；有效发明专利 668 件；每万人发明专利拥有量 1.31 件，同比增长 27.53%。安阳市知识产权局被评为全省目标任务完成先进单位。

二、产业集聚区知识产权专项行动

2016 年，安阳市知识产权局组织安阳市产业集聚区、安阳县产业集聚区参加了专项行动。通过对 40 家企业采取调研、培训、一对一服务等措施，共完成专利申请 145 件。

三、知识产权强企工作

2016 年，安阳市知识产权局印发了《安阳市知识产权强企培育管理办法》(安知〔2016〕17 号)，根据企业知识产权管理水平分为示范企业和优势企业，并制定相关认定标准。11 月，安阳市知识产权局确定林州市林丰铝电有限责任公司、安阳市大正钢板仓有限责任公司 2 家企业为示范企业，安阳市德力专用汽车有限公司为优势企业。强化知识产权对企业发展的支撑作用，截至 2016 年底，全市共有 71 家各级优势（培育）企业及区域，其中国家级知识产权优势企业 2 家、省级优势企业 4 家、优势培育企业 3 家；省级知识产权优势区域 5 个、优势培育区域 4 个；市级示范企业 2 家、优势企业 19 家、优势培育企业 32 家，已形成了“国家-省-市-县”四级知识产权试点示范梯队培育机制，各级优势单位的专利申请量占全市申请总量的近 70%。

鹤 壁 市

一、各类专利申请量、授权量

2016 年，鹤壁市专利申请量 631 件，其中发明专利 141 件，实用新型专利 447 件，外观设计专利 43 件。发明专利占申请量 22%，为历年最高。专利授权量 395 件，其中发明专利 51 件，实用新型专利 318 件，外观设计专利 26 件，发明专利授权量为历年最高。有效发明专利 213 件，每万人有效发明专利拥有量达到 1.33 件。

二、优势企业培育工作

2016 年，河南天海电器有限公司在第二批国家知识产权优势企业考核中获得优秀等级，鹤壁佳多科工贸有限责任公司入选国家知识产权优势企业。

三、产业集聚区专利“消零”工作

2016 年，鹤壁市共 1 个产业集聚区参加产业集聚区专利“消零”专项行动，涉及工业企业 26 家。

新 乡 市

2016 年，新飞制冷器具有限公司的 1 件实用新型专利和新飞电器有限公司的 1 件外观设计专利，分别获得第十八届中国专利优秀奖和外观设计优秀奖。

焦 作 市

一、各类专利申请量、授权量

2016 年，焦作市各类专利的申请量 3 751 件、授权量 2 253 件。

二、中国专利奖获奖情况

中原内配集团股份有限公司的“多元合金化铸态贝氏体灰铸铁气缸套”和

河南理工大学的“煤矿井下钻孔水力压裂增透抽采瓦斯工艺”获中国优秀专利奖。

三、产业集聚区知识产权专项行动

2016年，焦作市知识产权局按照2016年产业集聚区知识产权专项行动要求，对温县产业集聚区和山阳区循环产业集聚区内所有规模以上工业企业专利情况进行了全面调查核实。

山阳区产业集聚区共有20家工业企业参加知识产权“消零”专项行动。其中授权发明专利3家，授权实用新型专利8家，授权外观设计专利2家。申请专利11家，专利“消零”率55%；申请发明专利5家，发明专利“消零”率25%。温县产业集聚区共有22家工业企业参加知识产权“消零”专项行动，10家企业实现“消零”，专利“消零”率为45%。

四、知识产权强企工作

多氟多化工股份有限公司、中原内配集团股份有限公司被考核认定为国家知识产权示范企业的优势企业。2016年10月31日，多氟多化工股份有限公司取得中规（北京）认证有限公司颁发的知识产权管理体系认证证书。截至2016年底，多氟多化工股份有限公司共申报国家专利273件，授权国家专利181件，主持制定、修订60余项国家和行业标准，拥有著名商标2件，完成日本、韩国、美国、印度4个国家的商标布局。

五、高校知识产权综合能力提升工作

焦作市知识产权局与河南理工大学、焦作大学、焦作师范高等专科学校等各大专院校联系沟通，以在校师生作为重点宣传发动学习对象。2016年5月19日，焦作市知识产权局深入焦作大学开展知识产权宣传活动，做了题为“实施知识产权战略，促进创新驱动发展”的专题报告，200余名师生参加了此次报告会。10月21日，河南省知识产权巡讲活动在河南理工大学举行。

濮 阳 市

一、各类专利申请量、授权量

2016 年，濮阳市共申请专利 1 713 件，其中发明专利 329 件，实用新型专利 1 105 件，外观设计专利 279 件；共授权专利 1 027 件，其中发明专利 122 件，实用新型专利 728 件，外观设计专利 177 件；有效发明专利 509 件，每万人发明专利拥有量达到 1. 41 件。

二、产业集聚区知识产权专项行动

2016 年，濮阳市知识产权局制定《2016 年濮阳市产业集聚区知识产权专项行动方案》（濮知〔2016〕12 号），确定清丰县产业集聚区、濮阳市产业集聚区作为重点产业集聚区参加省专项行动。

主要措施：①开展知识产权培训及优惠政策宣讲，共培训企业人员 1 000 余人次，发放宣传资料 200 余份，提高了企业知识产权意识。②开展发明专利资助券发放活动。5 月，濮阳市知识产权局制定印发了《濮阳市知识产权局关于发放发明专利资助券的通知》（濮知〔2016〕19 号），启动了发明专利资助券发放活动，共发放面值 3 000 元的发明专利资助券 170 张，对年底发明专利申请“消零”的企业给予资助。③开展上门服务。各县区产业集聚区知识产权工作站发挥作用，组织开展专利申请及专利资助上门服务，联系大象、安阳智浩、联科等优秀中介服务机构，开展专利申请集中服务，深入企业现场办理省、市专利资助申请的相关手续，为企业提供方便快捷的专利资助服务。活动期间，产业集聚区新申请专利 90 件，30 家企业实现了发明专利“消零”。

三、市级知识产权优势培育工程

2016 年，濮阳市知识产权局确定濮阳市盛源能源科技股份有限公司、河南东方龙机械制造有限公司、河南省龙都生物科技有限公司、河南省龙丰实业股份有限公司、天能集团（河南）能源科技有限公司等 5 家企业为市级知识产权优势培育企业，河南元光科技有限公司、河南省傅谭酒业有限公司、濮阳市农发机械制造有限公司等 3 家企业为市级知识产权优势企业。8 家企业共申请专利 130 件，专利产品产值达到 9 600 万元，专利产品总产值占企业总产值的 85% 以上。

许　昌　市

一、各类专利申请量、授权量

2016 年，许昌市专利申请量 11 947 件，其中发明专利 3 625 件，实用新型专利 5 582 件，外观设计专利 2 740 件；专利授权量 4 407 件，其中发明专利授权 265 件，实用新型专利授权 2 630 件，外观设计专利授权 1 512 件；PCT 国际专利申请量 15 件，授权 1 件。

二、产业集聚区知识产权专项行动

2016 年，许昌市知识产权局在鄢陵产业集聚区、中原电器谷产业集聚区内开展了企业专利“消零”专项行动，所有企业均实现了专利“消零”。

三、知识产权强企工作

2016 年，许继集团有限公司被认定为首批省级知识产权领军企业，河南鸿昌电子有限公司、河南森源重工有限公司、河南万杰智能科技股份有限公司、河南中天恒信生物化学科技有限公司被认定为省级知识产权优势企业。

四、高校知识产权综合能力提升工作

2016 年，许昌市大专院校共申请专利 767 件，同比增长 81.7%；授权专利 286 件，同比增长 73.3%。

漯　河　市

一、各类专利的申请量、授权量

2016 年，漯河市专利申请量 1 303 件，同比增长 22.3%；专利授权量806 件，其中代表区域核心竞争力的发明专利 74 件，同比增长 51%，增幅跻身全省前列。

二、产业集聚区知识产权专项行动

2016 年，漯河市参加专利“消零”专项行动的经济技术产业集聚区工业企业共有 22 家，已有 19 家企业实现“消零”，“消零”率达 86. 36%。

三、知识产权强企工作

临颍县颍机机械制造有限公司被评为“2016 年度省级知识产权优势企业”。

四、高校知识产权综合能力提升等工作

2016 年，漯河市知识产权志愿者队伍成立仪式在漯河职业技术学院举办。漯河市医学高等专科学校、漯河职业技术学院、漯河食品职业学院、漯河市第五中学、漯河市第二中学 5 所学校的师生代表参加了此次活动。漯河市知识产权局为志愿者们发放了 600 余件印有“知识产权志愿者”字样的文化衫。

南　阳　市

一、各类专利的申请量、授权量

2016 年，南阳市共申请专利 5 306 件，其中发明专利 1 084 件，实用新型专利 3 473 件，外观设计专利 749 件。授权专利 3 531 件，其中发明专利 373 件。每万人有效发明专利拥有量达到 1. 49 件。

二、知识产权强企工作

截至 2016 年底，南阳市共有国家级知识产权优势企业 1 家，省级优势企业 8 家、示范企业 1 家；开展产业集聚区专项行动 4 县，制定企业知识产权战略 5 个，贯标企业 2 家。

周　口　市

一、各类专利的申请量、授权量

2016 年，周口市专利申请量 1 667 件，比 2015 年增长 36.1%；其中发明专利 385 件，比 2015 年增长 59.1%。授权专利共 842 件，与 2015 年持平，其中发明专利授权 97 件，比 2015 年增长 120.5%。

二、产业集聚区知识产权专项行动

2016 年，周口市选取郸城县、淮阳县、项城市和周口经济技术开发区 4 个产业集聚区开展专利“消零”专项行动，参与知识产权专项行动的企业合计 105 家，新增专利“消零”企业 46 家。截至 2016 年底，“消零”企业 79 家，占参与专项行动 105 家企业的 75.2%。

三、知识产权强企工作

2016 年，周口市凯旺电子科技有限公司、周口永欣饲料有限公司、河南华丰网业科技股份有限公司等 3 家企业通过河南省知识产权优势企业备案。

驻 马 店 市

一、各类专利的申请量、授权量

2016 年，驻马店市共申请专利 1 877 件，比 2015 年增长 39.9%，其中发明专利 327 件，实用新型专利 1 141 件，外观设计专利 409 件。三种专利申请较 2015 年增长分别为：发明专利 38.6%、实用新型专利 49.7%、外观设计专利 19.6%。三种专利申请量占申请总量的比例分别为：发明专利 17.3%、实用新型专利 61%、外观设计专利 21.7%。

2016 年，全市专利授权 1 061 件，比 2015 年增长 18.8%。其中发明专利 61 件，实用新型专利 638 件，外观设计专利 362 件。三种专利授权较 2015 年增长分别为：发明专利 74.3%、实用新型专利 2.6%、外观设计专利 53.4%。三种专利授权量占授权总量的比例分别为：发明专利 5.7%、实用新型专利 60.2%、外观设计专利 34.1%。

二、产业集聚区知识产权专项行动

截至 2016 年底，汝南县、正阳县、确山县产业集聚区参加专项行动的 20 家企业均申请了专利，合计申请专利 96 件。驻马店市知识产权局向 3 个产业集聚区下达专项资金支持 12 万元。

三、知识产权强企工作

2016 年，驻马店中集华骏车辆有限公司被认定为知识产权强企。

济　源　市

一、各类专利的申请量、授权量

2016 年，济源市专利申请量 732 件，其中发明专利 186 件，实用新型专利 435 件，外观设计专利 111 件；专利授权量 463 件，其中发明专利 55 件，实用新型专利 295 件，外观设计专利 113 件。全市每万人发明专利拥有量为 3 件。

二、产业集聚区知识产权专项行动

2016 年，济源市知识产权局在济源市虎岭经济技术开发区开展知识产权专项行动，引导集聚区内所属企业设立知识产权管理机构，配备专职人员，开展知识产权实用技能培训，邀请专利代理机构深入企业帮扶，指导专利技术的申报。全年该经开区专利申请超 50 件的企业有中原特钢股份有限公司和济源市万洋绿色能源有限公司 2 家，超 20 件的企业有济源市阳光兔业科技有限公司、济源市金峰耐火材料有限公司等 10 家。

汝 州 市

一、各类专利的申请量、授权量

2016 年，汝州市专利申请量 299 件，其中发明专利申请 62 件，实用新型专利 130 件，外观设计专利 107 件；河南巨龙生物工程股份有限公司首次申请 PCT 国际专利 1 件，汝州市实现 PCT 国际专利申请历史突破。全年专利授权量 324 件，其中发明专利 51 件，实用新型专利 119 件，外观设计专利 154 件。每万人发明专利拥有量为 1.45 件。

二、知识产权强企工作

2016 年，河南恒瑞源实业有限公司成功备案，成为汝州市首家河南省知识产权优势企业。

三、年新增专利企业情况

2016 年，汝州市年新增专利企业 7 家，分别是：①河南森地电动车制造有限公司，授权实用新型专利 4 件，外观设计专利 9 件；②汝州市华硕陶玻瓶业有限公司，授权外观设计专利 20 件；③汝州市威德邦瓷业有限公司，授权实用新型专利 8 件；④河南圣华原铝业有限公司，授权实用新型专利 10 件；⑤汝州同富科技服务有限公司，授权实用新型专利 2 件；⑥汝州市裕丰电子有限公司，授权实用新型专利 6 件；⑦汝州市家乐食品有限公司，授权实用新型专利 1 件。

永 城 市

2016 年，永城市永煤集团成为河南省知识产权示范企业。

滑 县

2016 年，滑县专利申请量 255 件，同比增长 73.47%，其中发明专利 80 件，实用新型专利 134 件，外观设计专利 41 件。专利授权量 115 件，同比增长 15%，其中发明专利 9 件，实用新型专利 84 件，外观设计专利 22 件。截至 2016 年 12 月底，滑县有效发明专利拥有量 65 件。

兰　考　县

2016 年，兰考县专利申请量 152 件，其中发明专利 21 件，实用新型专利 61 件，外观设计专利 70 件。专利授权量 112 件，其中发明专利 3 件，实用新型专利 44 件，外观设计专利 65 件。

长　垣　县

一、各类专利的申请量、授权量

2016 年，长垣县申请专利量 1 776 件，授权专利量 987 件。县政府分别给予每件授权发明专利 15 万元、实用新型专利 0.5 万元及外观设计专利 0.1 万元的奖励。

二、知识产权强企工作

2016 年，河南省矿山起重机有限公司、河南省黄河防爆起重机有限公司、河南省三马起重机械有限公司、河南新科起重机股份有限公司、河南亚都实业有限公司等 5 家企业获批省级知识产权优势企业。

专利运用

河南省专利运用工作

一、知识产权金融工作

2016 年，河南省知识产权局推荐新乡市、郑州高新技术产业开发区、国家知识产权创意产业试点园区申报并获批国家知识产权质押融资工作试点，推荐安阳市申报并获批国家专利保险工作试点。新乡市、南阳市分别获得国家局专利保险试点城市工作项目资金 15 万元。截至 2016 年底，全省获国家知识产权局批准 3 家质押融资试点城市（濮阳市、漯河市、新乡市）、2 家质押融资试点单位（郑州高新技术产业开发区、国家知识产权创意产业试点园区）、3 家专利保险试点城市（南阳市、新乡市、安阳市）、1 家投融资试点城市（焦作市）。我省是质押融资试点推广省。

完善质押融资项目库，建立银企对接机制。2016 年，全省新增专利权质押融资需求企业 97 家，转交中国银行河南省分行等 4 家战略合作银行跟进。截至 2016 年底，质押融资需求项目库储备项目累计 800 多项。

发放资金补贴，支持企业质押融资。2016 年河南省知识产权局征集审核并发放质押融资补贴资金 159 万元，涉及企业 12 家。河南省知识产权局起草《河南省关于进一步推进专利权质押融资工作的意见》，筹备召开全省知识产权质押融资经验交流大会。

2016 年，河南省完成质押融资金额 8.2 亿元，融资企业 30 家。截至 2016 年底，全省完成知识产权质押融资总额 27.68 亿元，惠及企业 135 家，质押专利 1 534项，专利评估价值 40.6 亿元。9 家银行相继开展知识产权质押融资业务，以中国银行为主推出了专门的“专利贷”金融产品，全省知识产权质押融资工作向常态化迈进。濮阳市、漯河市、新乡市、郑州高新技术产业开发区、国家知识产权创意产业试点园区相继被国家知识产权局评为国家专利质押融资试点，南阳市、新乡市、安阳市被评为国家专利保险试点城市，焦作市被评为国家知识产权投融资试点城市。

二、专利运营工作

作为国家知识产权运营试点省份，河南省以中央财政 4 000 万元重点产业知识产权运营资金为依托，推动社会资金参与，设立首期募集资金不少于 2.5 亿元的河南省首支重点产业知识产权运营基金，支持以超硬材料为主的新材料、电子信息、装备制造等产业知识产权运营。河南省知识产权局制定《河南省重点产业知识产权运营基金实施方案》；确定中央财政资金受托管理机构，联合省财政厅与省知识产权事务中心三方签署了《河南省重点产业知识产权运营基金受托管理机构委托协议》，约定由省知识产权事务中心作为中央财政资金的代持机构，负责基金的运营监管，并根据省财政厅、省知识产权局要求，行使中央财政资金的相关权益；募集社会资本。经与郑州市金水区政府协商，金水区政府指定河南国创知识产权创意产业园运营管理有限公司出资 6 000 万元跟投基金，金水区政府于 2016 年 4 月 13 日向河南省知识产权局发函正式确认。财政出资 1 亿元，社会资本拟出资 2 亿元，基金初期总规模已达 3 亿元。

三、知识产权评议工作

2016 年，河南省知识产权局召集省内外服务机构和省内部分企业代表召开评议工作座谈会，制定出台《重大经济活动知识产权评议办法》；申报国家 2016 年评议项目——中国冶金功能保护材料知识产权评议，制定评议工作方案，签订评议项目协议书。

省辖市、省直管县（市）专利运用工作

郑　州　市

2016 年，郑州市质押融资贷款总额 2.3 亿元。

开　封　市

2016 年，开封市共创起重科技有限公司在东鹏评估有限公司的指导下，利用企业所拥有专利向中国银行进行抵押，成功贷款 1 300 万元，成为开封市第一家通过知识产权进行质押融资的企业。

洛　阳　市

一、知识产权金融工作

2016 年，洛阳高新技术产业开发区与该区金融办组织辖区内有质押融资意向企业开展相关培训及银企对接会。河南英开电气股份有限公司、洛阳愿景科技有限公司、洛阳月星新能源科技有限公司等 3 家企业通过知识产权质押取得贷款。

二、专利运营工作

2016 年，洛阳高新区机器人及智能装备专利导航产业发展实验区、洛阳涧西区农机装备专利导航产业发展实验区获批河南省专利导航产业发展实验区。

平 顶 山 市

2016 年，平顶山市有 1 家企业通过知识产权进行质押融资。

安　阳　市

2016 年，安阳市被列入国家知识产权局专利保险试点城市名单，全市共有 10 家企业 17 件核心专利已完成专利执行险投保，保单总金额共计 3.4 万元。

2016 年，安阳市共完成专利质押融资项目 3 项，其中林州光远新材料科技有限公司专利质押贷款额度达 2.9 亿元，是全省质押贷款最大的一项。

鹤　壁　市

2016 年，鹤壁市 6 家企业专利质押融资贷款额度 1.6 亿元，其中河南省淇县永达食业有限公司（39 件发明专利，7 件实用新型专利）贷款 5 400 万元，河南飞天农业开发股份有限公司（4 件发明专利，17 件实用新型专利）贷款 3 000 万元，鹤壁百运佳印务有限公司（2 件发明专利）贷款 2 000 万元，河南仕佳通信科技有限公司（1 件发明专利，17 件实用新型专利）贷款 200 万元，鹤壁通用机械电气有限公司（8 件实用新型专利）贷款 350 万元，河南天海电器有限公司（10 件发明专利）贷款 5 000 万元。

新　乡　市

2016 年，新乡市年度专利质押融资额 1.02 亿元。8 月，新乡市被国家知识产权局确定为国家专利质押融资试点城市，是全省唯一的国家专利质押和专利保险双试点城市。

焦　作　市

截至 2016 年底，焦作市知识产权局为 13 家知识产权需求企业贷款 11 000 余万元。

濮 阳 市

一、知识产权金融工作

2016 年 3 月，濮阳市知识产权局与中国邮政储蓄银行濮阳分行签订了 3 亿元的知识产权质押融资战略合作协议，使专利权质押融资工作更加规范化、常态化；邀请河南省亿通知识产权服务有限公司、北京中都国脉资产评估有限公司等的专家开展质押贷款培训，邀请人保财险濮阳市分公司有关专家就专利保险及投保理赔流程进行培训，中国邮政储蓄银行濮阳分行有关负责人就专利权质押贷款业务进行宣讲；组织 150 余家企业及全市 8 家金融机构开展专利权质押融资对接活动，10 余家企业与中国银行、农村信用合作社、中国邮政储蓄银行、中国工商银行达成质押贷款意向；面向拥有有效专利的企业征求专利融资需求近 30 项，向河南省知识产权局及有关金融机构推荐优秀融资需求企业。

2016 年，濮阳市新签订专利权质押贷款合同 12 项，质押专利 72 项，新增贷款 6 330 万元，全市累计实现专利权质押融资贷款额 2. 288 亿元。

二、专利运营工作

2016 年，濮阳市知识产权局设立了专利托管项目，在清丰县、南乐县、华龙区进行了专利托管试点，依托管量分别给予 2 万～4 万元经费支持。通过项目实施，试点县区建立了发明专利监测数据库和工作台账，搭建知识产权服务平台，与企业和个人签订有效发明专利托管协议，针对有效发明专利的法律状态提供缴费提醒、管理等针对性服务，年有效发明专利维持率达到 95%以上，巩固了每万人有效发明专利拥有量。

许 昌 市

2016 年，许昌市有 1 家企业利用专利权进行质押融资，获得 3 000 万元的银行贷款。

漯　河　市

2016 年，漯河市知识产权局共召开 3 次专利质押融资银企对接会暨知识产权质押融资专题培训。全年有 7 家企业实施专利质押融资，贷款总额为 5 900 万元，其中实施质押融资企业数位居全省前列。

周　口　市

2016 年，周口市新增 2 家企业完成了专利质押融资全部程序，融资额度 1 700万元，全市专利质押融资企业 6 家，融资金额近 2. 55 亿元。

驻 马 店 市

2016 年，上蔡县恒通机械有限公司通过知识产权质押获得 500 万元银行贷款。

兰　考　县

2016 年，北京东鹏资产评估事务所受开封金旭画材有限公司的委托，对该公司“一种画架”等系列专利技术进行了综合评估，认定该公司的“一种画架”等系列专利权价值 265 万元。11 月，开封金旭画材有限公司即用专利权价值评估报告及固定资产向中国银行兰考县支行申请贷款 500 万元。

专利保护

河南省专利保护工作

一、执法维权专项行动

2016 年，河南省知识产权局制定并印发了《2016 年河南省知识产权局系统执法维权“护航”专项行动工作方案》和《河南省知识产权局系统加强专利行政执法的工作方案》，对全系统主要工作做出了全面部署和具体要求。截至 2016 年底，全省共出动执法人员 2 600 余人次，检查商业场所 160 余家，检查商品 61 000 余件，累计处理案件 2 056 件，首次突破2 000件大关，其中处理专利纠纷案件 704 件，处理假冒专利案件 1 352 件。

2016 年河南省专利行政执法处理案件情况　　单位：件

部门	侵权纠纷案件	其他纠纷案件	假冒案件	案件总数
新乡市知识产权局	105	10	219	334
郑州市知识产权局	80	11	141	232
濮阳市知识产权局	79	4	137	220
南阳市知识产权局	127	5	87	219
焦作市知识产权局	45	0	156	201
平顶山市知识产权局	16	0	138	154
安阳市知识产权局	33	1	117	151
洛阳市知识产权局	19	1	108	128
周口市知识产权局	21	0	72	93
许昌市知识产权局	5	0	62	67
驻马店市知识产权局	50	1	14	65
漯河市知识产权局	15	0	42	57
商丘市知识产权局	8	0	36	44
鹤壁市知识产权局	31	0	0	31

续表

部门	侵权纠纷案件	其他纠纷案件	假冒案件	案件总数
河南省知识产权局	26	0	0	26
三门峡市知识产权局	0	0	18	18
济源市知识产权局	9	0	0	9
开封市知识产权局	2	0	2	4
信阳市知识产权局	0	0	3	3
合计	671	33	1 352	2 056

二、电子商务领域执法

在国家知识产权局的领导组织下，河南省知识产权局和全国18个省（市）知识产权局共同签署了“知识产权系统电子商务领域专利执法维权协作调度机制运行协调会议备忘录”，积极参与全国范围内的电商执法协作互动。按照国家知识产权局关于深化电子商务领域执法维权协作的总体要求，河南省知识产权局印发了《河南省电子商务领域专利执法维权专项行动工作方案》，推动全省电子商务领域执法工作。委派工作人员前往浙江电子商务领域执法调度中心参加培训，接受办理浙江电子商务领域执法调度中心移交的电商案件，参与电商线上线下案件处理。

截至2016年底，全省累计处理电商案件600余件，有效净化了电商环境。

三、省市县联合执法活动

河南省知识产权局制定印发了《河南省知识产权局关于开展查处专利侵权假冒行为联合执法检查活动的通知》，对开展省、市、县联合执法活动做出了统一部署。为提升办案质量和数量，河南省知识产权局执法人员先后到漯河、周口、许昌、郑州、南阳、焦作、新乡、滑县、巩义等地，开展联合执法行动，进行执法工作督导，直接指导办案，规范执法档案管理，对案件进行研讨分析，提升了市、县执法人员的业务水平。

四、展会知识产权执法保护

2016年，河南省知识产权局指导相关省辖市局与相关展会组织部门联系，进驻展会开展展会专利执法保护工作，处理多起侵权假冒案件。郑州市知识产权局组织执法人员进驻全国农业机械及零部件展览会，现场受理多起侵权纠纷案件，与湖北荆门市知识产权局联合执法，在第一届中国储备粮管理总公司2016年清理设备集中采购会上处理10件侵权纠纷案件。南阳市知识产权局入驻第十三届玉雕节暨国际玉文化博览会现场，指导和办理专利维权工作。漯河市知识产权局进驻第十四届中国（漯河）食品博览会，现场受理食品博览会知识产权举报投诉，为展会市场秩序保驾护航。

五、知识产权维权援助机构建设

河南省新设立信阳、三门峡、原阳等国家级中心分中心，实现省辖市知识产权维权援助中心全覆盖；制定出台《河南省产业集聚区知识产权维权援助工作方案》（豫知〔2016〕45号），明确“十三五”期间实现全省所有产业集聚区知识产权维权援助工作站全覆盖；制定了《河南省产业集聚区知识产权维权援助工作站管理办法》，规范了工作站的设立、管理和服务等流程。截至2016年底，全省已在31个产业集聚区设立知识产权维权援助工作站，为产业集聚区健康发展提供知识产权维权指导。

省辖市、省直管县（市）专利保护工作

郑　州　市

一、知识产权执法维权专项行动、电子商务领域专利执法维权专项行动和省市县联合执法活动情况

2016 年，郑州市知识产权局开展知识产权执法维权专项行动 10 次。其中“护航”专项行动 4 次，电子商务领域专利执法维权专项行动 2 次，省市县开展联合执法活动 4 次。参加人员 300 人次，抽查商品 3 000 余件。

二、专利行政执法、受理专利侵权假冒案件和专利纠纷情况

2016 年，郑州市知识产权局共受理各类知识产权案件 232 件，其中纠纷案件 91 件，假冒专利案件 141 件，办结案件 226 件。

三、知识产权维权援助中心建设和工作开展情况

2016 年 8 月 31 日，国家知识产权局批复同意设立中国郑州（创意产业）知识产权快速维权中心，该中心是全国设立的第十三家知识产权快速维权中心，办公面积 700 余平方米，工作人员 8 名，下设综合管理科、审查检索科、执法维权科 3 个科室。中心共开展有外观设计专利申请快速授权、通知书办理、侵权纠纷快速维权、专利检索咨询、专利优先审查检索报告办理、专利评价报告咨询、专利快速调解、商标咨询、版权办理、知识产权业务培训共 10 项知识产权特色服务。企业通过中心可享受到外观设计专利绿色通道，外观设计专利的授权时间可由原先的 3~6 个月缩短至 10 个工作日，节省了企业的时间与成本。截至 2016 年底，该中心已备案企业近百家，受理 40 余件专利申请，主要分布在高新区、航空港实验区、上街区、巩义市、荥阳市等全市多个区域。

开 封 市

2016年，开封市知识产权局协助高新技术发展及产业化管理办公室接待来访群众6批10余人次，移交跨省知识产权纠纷案件1件，接受专利侵权纠纷处理请求2件，查处假冒专利案件2件。

洛 阳 市

一、专利行政执法、受理专利侵权假冒案件和专利纠纷情况

2016年，洛阳市知识产权局共受理各类专利案件128件，其中专利纠纷案件20件，假冒专利案件108件。

二、知识产权维权援助中心建设和工作开展情况

2016年，洛阳市知识产权维权援助中心共接到电话咨询400多起，接待咨询百余人次，对洛阳某公司“酒包装盒”、周某“住宅厨房集中排油烟管的八字型变压结构”、洛阳本地企业与深圳某公司的专利权权属纠纷等案件进行了维权援助服务。在电子商务领域，中心通过“12330”举报投诉平台接到洛阳市企业举报某电子商务平台20多个商家涉嫌专利侵权，通过对提交的相关材料审核后，将案件转交至杭州中心。通过与洛阳中心、杭州中心、电商平台和专利权人的多次沟通，电商平台关闭了相关店铺或删除了相关侵权产品的链接，维护了专利权人的合法权益。

平 顶 山 市

2016年，平顶山市知识产权局共开展专利执法专项行动8次，检查30家商业场所，累计出动执法人员40多人次，检查商品27 000余件。查处假冒专利案件120件，受理专利侵权案件16件，结案16件。接受举报投诉及维权服务20余件，受理各类咨询320件。

安 阳 市

一、专利行政执法、受理专利侵权假冒案件和专利纠纷情况

2016 年，安阳市知识产权局共受理专利侵权纠纷案件 34 件，结案 34 件。其中，专利侵权纠纷案件 11 件，专利侵权电商案件 22 件，调解其他专利纠纷 1 件。查处假冒专利案件 117 件，其中，电子商务领域假冒案件 12 件。全年安阳市知识产权局移交其他地市专利侵权案件共 2 件。

二、知识产权维权援助中心建设和工作开展情况

2016 年，安阳市知识产权局在林州市产业集聚区、安阳市纺织产业集聚区分别设立了维权援助工作站。全年共发放维权援助资金 3.5 万元，出具侵权判定意见 4 份。

鹤 壁 市

一、知识产权执法维权专项行动、电子商务领域专利执法维权专项行动和省市县联合执法活动情况

2016 年，鹤壁市知识产权局制定了《鹤壁市知识产权执法维权“护航”专项执法行动 2016 年实施方案》，联合县区科技局深入企业，对鹤壁佳多科工贸股份有限公司、鹤壁市人元生物技术发展有限公司等多家企业，进行面对面对接维权援助工作，发放维权援助对接调查表。

二、专利行政执法、受理专利侵权假冒案件和专利纠纷情况

2016 年，鹤壁市知识产权局共网上查处专利侵权纠纷案件 31 件。

三、知识产权维权援助中心建设和工作开展情况

2016 年，鹤壁市知识产权局设立中国（河南）知识产权援助中心鹤壁分中

心金山产业集聚区工作站。在金山产业集聚区内设立了高 4 米、长 8 米的巨型“12330”知识产权维权援助广告牌，调解了鹤壁市煤化机械有限责任公司与鹤壁中机矿山设备有限公司的专利侵权纠纷案件。

焦 作 市

一、知识产权执法维权专项行动、电子商务领域专利执法维权专项行动和省市县联合执法活动情况

截至 2016 年底，焦作市知识产权局立案查处电子商务领域专利侵权案件 28 件。焦作市知识产权局成立了焦作市知识产权行政执法支队，由焦作市辖区内拥有执法证的执法人员组成，统一配备执法服装，形成了市县区联动执法的格局，提高了执法效率和执法能力。根据《2016 年焦作市知识产权系统执法维权“护航”专项行动工作方案》要求，2016 年 7 月 5 日，河南省知识产权局、焦作市知识产权局、解放区知识产权局联合在焦作市王府井超市、同仁堂药店等场所开展执法检查活动，检查出带有专利标识产品 70 余件。

二、专利行政执法、受理专利侵权假冒案件和专利纠纷情况

截至 2016 年底，焦作市共开展专利行政执法检查活动 30 余次，通过执法检查活动发现、查处假冒专利案件 130 余件，共受理 17 件专利侵权纠纷案件。

三、知识产权维权援助中心建设和工作开展情况

2016 年 7 月 5 日，焦作市知识产权局举办焦作市专利执法维权实务培训班。来自焦作市 11 个县市区知识产权工作负责人，拥有行政执法证人员等共计 30 余人参加了培训。9 月 2 日，焦作市知识产权局举办知识产权执法维权援助实战培训研讨班。焦作各县市区知识产权局长、焦作市拥有执法证的执法人员、从事知识产权维权援助的工作人员及部分重点骨干企业负责人等参加了研讨班。焦作市知识产权局面向社会招募知识产权维权援助志愿者，推进焦作市知识产权维权援助工作。“4·26”知识产权宣传周期间，来自河南理工大学的 60 名大学生成为焦作市首批知识产权维权援助志愿者，标志着焦作市知识产权维权援助志愿者工

作站正式成立。

濮　阳　市

2016 年，濮阳市知识产权局共办理专利行政执法案件 220 件，其中处理专利侵权纠纷案件 79 件，调解其他专利纠纷案件 4 件，查处假冒专利案件 137 件。在国家知识产权局试点、示范城市专利行政执法工作绩效考核中得分 89 分，为全省最高，全国排名第十七位。

一、知识产权执法维权专项行动

2016 年，濮阳市知识产权局印发《2016 年濮阳市知识产权执法维权“护航”专项行动工作方案》（濮知〔2016〕14 号），明确了执法工作目标、重点、要求等内容，安排了行动进度和步骤，要求每月至少选择一个县（区）的大型商场、商品集散地开展一次集中检查、集中整治工作，重点查处家电、日用品、食品、药品、建材等领域的假冒专利行为。全年共出动专利行政执法人员 100 余人次，执法车辆 20 余辆次，开展专利行政执法专项检查 18 次，查处假冒专利案件 137 件。

二、电子商务领域专利执法维权专项行动

濮阳市知识产权局参加省电子商务领域专利执法案件办理和案件报送培训班、省电子商务领域专利执法案件办理活动，共做出电商领域专利侵权判定咨询意见 193 个，办理电子商务领域专利侵权纠纷案件 69 件。

三、知识产权维权援助中心建设和工作开展情况

濮阳市知识产权维权援助中心经濮阳市机构编制委员会办公室批准设立，是中国（河南）知识产权维权援助中心濮阳分中心，在濮阳县、清丰县、南乐县、范县、台前县、华龙区和濮阳经济技术开发区建立了 7 个知识产权维权援助分中心；产业集聚区知识产权援助工作，依托 2014 年成立的八大产业集聚区知识产权工作站展开。

为了解专利权人的知识产权保护需求和意见，知识产权援助分中心为专利权

人提供优质、高效、便捷的知识产权维权援助服务，开展了专利权人维权援助对接服务活动，服务 150 人次。各产业集聚区知识产权工作站发挥市、县（区）知识产权部门、产业集聚区管委会和知识产权中介服务机构四方的资源优势，开展维权援助执法活动 12 次；面向全市征集了技术、法律等方面的专家 37 名，组建了知识产权保护专家库，2016 年，召开专家咨询座谈会 5 次，咨询专家 30 余人次；参加了鲁苏豫皖四省交界区域知识产权维权联盟和山西省晋城市召开的晋冀鲁豫四省部分市知识产权执法经验交流会；与安阳、鹤壁开展了联合执法活动；与新乡、焦作、平顶山等协作开展执法培训和案件研判活动；与濮阳市公安局、检察院、法院、商务局、发展改革委、工商局、质监局等多个部门协作，开展打击侵权假冒、社会信用信息归集共享等有效合作，提高了专利保护水平，增强了社会公众知识产权意识。

许　昌　市

一、专利侵权假冒案件和专利纠纷情况

2016 年，许昌知识产权局共调处专利侵权纠纷案件 5 件，结案 5 件，结案率 100%；查处假冒专利产品 60 余件，涉案金额近百万元。

二、知识产权维权援助中心建设

2016 年，长葛产业集聚区、禹州产业集聚区分别设立了中国（河南）知识产权维权援助中心工作站。

漯　河　市

一、知识产权执法维权专项行动、电子商务领域专利执法维权专项行动和省市县联合执法活动情况

2016 年，漯河市知识产权局共开展专利专项执法检查行动 10 次，出动执法人员 47 人次，检查商超 11 家、药店 15 家、专业市场 2 个，共检查各类商品

10 000余件，发现产品专利标注不规范行为 13 件。依据《漯河市展会专利保护管理办法》的有关要求，漯河市知识产权局 2016 年 5 月份继续入驻第十四届中国（漯河）食品博览会，在展会现场设立了展会知识产权维权投诉服务站，接受参展企业及群众的专利侵权及假冒专利投诉。

二、专利行政执法、受理专利侵权假冒案件和专利纠纷情况

2016 年，漯河市知识产权局共受理各类专利案件 57 件，其中专利侵权纠纷案件 15 件，假冒专利案件 42 件。

三、知识产权维权中心建设和工作开展情况

2016 年，漯河市知识产权局通过热线电话、电子邮件、来访等方式接收社会公众、知识产权权利人的维权援助与举报投诉咨询近 300 人次；开通了官网和微信公众号，拓宽了企业和群众举报投诉和维权的途径，健全了电子商务平台沟通协作机制，与阿里巴巴漯河产业带签订了电子商务领域专利执法维权合作协议；设立中国（河南）知识产权维权援助中心漯河分中心沙澧产业集聚区知识产权维权援助工作站。工作站配备办公面积 45 平方米，专兼职人员 6 名，漯河市知识产权局给予专项经费支持 3 万元，管委会设立资金 5 万元，用于产业集聚区内企业的知识产权维权援助工作。

南　阳　市

一、知识产权执法维权专项行动和省市县联合执法活动情况

2016 年，南阳市知识产权局成立了“护航”领导小组，出台《2016 年南阳市知识产权执法维权“护航”专项行动工作方案》，落实责任，明确分工。截至 2016 年底，全市共开展执法维权“护航”联合专项行动 4 次，查处假冒专利案件 65 件，受理专利纠纷案件 45 件。

2016 年，南阳市知识产权局定期开展全市专利执法检查活动，对市区大统百货、方城县裕客隆生活广场、张仲景大药房、小商品批发市场等进行专项检查。截至 2016 年底，全市共检查商品近 5 000 件，查处假冒专利 55 件。

2016年4月26日，南阳市知识产权局执法人员联合卧龙区科技局、宛城区科技局和中国（南阳）知识产权维权援助中心工作人员重点对南阳市张仲景大药房进行知识产权专项检查，对城区规模较大的2家张仲景大药房千余件药品进行了检查，登记待查10余件涉及专利药品及医疗器械。10月末至11月中旬，南阳市知识产权局执法人员开展了大规模的专利行政执法专项检查。专项行动对超市和生活广场内2 000余件商品进行了检查，现场用执法通排查了专利产品的有效性。在检查过程中执法人员和维权援助中心工作人员向商家赠送了《知识产权知识问答》和“12330”宣传单页300余份。

截至2016年11月底，南阳市知识产权局共联合卧龙区、宛城区、方城县科技局执法人员开展联合执法调查专项行动4次。

二、知识产权维权中心建设和工作开展情况

2016年，南阳市知识产权局在南阳市新能源产业集聚区和唐河县产业集聚区分别建立了知识产权维权援助工作站。

2016年，南阳知识产权维权援助中心援助案件和举报投诉案件办理量共20件。“12330”维权援助电话投入使用以来，全年累计接到各类投诉线索90余条，其中有重要价值的投诉10余条，并全部处理、移交，有效地保护了权利人的合法权益。

商　丘　市

一、知识产权执法维权专项行动、电子商务领域专利执法维权专项行动和省市县联合执法活动情况

2016年，商丘市知识产权局联合县（区）相关单位，针对食品、药品、家居用品等开展3次较大规模的市场领域专利执法维权“护航”专项行动，涉及市区大型商超、药店、城乡接合部中小型商业场所，查处假冒专利行为1件，纠正专利标注不规范行为5件。开展了电子商务领域专利维权专项行动，针对商丘企业影响最大的阿里巴巴（商丘）产业带作为监管对象，共发现假冒专利案件36件，商丘市知识产权局对36件案件做出处理，由于其违法情节轻微，责令当

事人马上删除相关的链接及违法网页，及时制止其违法行为。6~12 月，商丘市知识产权局加强与电商专利执法维权协作（浙江）调度中心的协作，实现线上、线下紧密衔接，组织人员快速办理开展浙江电商中心转交的电子商务领域侵权判定工作。

二、专利行政执法、受理专利侵权假冒案件和专利纠纷情况

2016 年，商丘市知识产权局全年执法办案数总量为 37 件。其中外观设计专利侵权纠纷 1 件，假冒专利案件方面立案 36 件，结案 36 件。

三、知识产权维权援助中心建设和工作开展情况

2016 年，商丘市知识产权局成立柘城县产业集聚区知识产权维权援助工作站。

2016 年 4 月 22~24 日，商丘市知识产权局在设立 2016 年商丘针织童装展览会首次设立 10 平方米独立的知识产权维权援助专区，工作人员对 6 个展区的 400 多个展位进行巡查，向参展人员发送了《市知识产权局对广大参展商的告知书》150 余份、发放法律书籍 500 余份，发放宣传彩页 600 余份。检查中发现宣传单、喷绘广告、展示牌等材料中 4 件专利标识标注不规范的行为，中心工作人员进行了现场纠正。

2016 年 11 月 4~6 日，第三届中国（商丘）食品博览会在市展览中心举办，河南（商丘）维权援助中心派员入驻展会，其间，在展会设立维权援助咨询台，共解答各类知识产权维权保护咨询 40 余次，其中专利保护方面的 20 余次，工作人员发放知识产权法律书籍、宣传彩页各 200 余份。商丘市知识产权局派出 3 名执法人员深入到 6 个展区进行巡查，维护了展会良好的秩序。

周 口 市

一、知识产权执法维权专项行动、电子商务领域专利执法维权专项行动和省市县联合执法活动情况

2016 年，周口市知识产权局制定了《2016 年周口市知识产权执法维权“护

航”专项行动方案》，开展省市县联合执法检查，加强与专业市场监管机构对接，对周口市专业市场和连锁超市进行重点监控，全年开展专项检查 6 次。2016 年，周口市全年处理案件总量 93 件，其中，纠纷案件 21 件，假冒案件 72 件。周口市知识产权局共开展网上检查 40 余次，查出并登记专利商品信息 160 余条，发出整改建议 30 件。根据电子商务平台查出的假冒专利商品信息，在实体店立案查处假冒专利案件 12 件。

二、知识产权维权中心建设和工作开展情况

2016 年，周口市知识产权局在项城市、商水县设立知识产权维权援助工作站，使维权援助工作更贴近企业需求；录制了 5 分钟的知识产权维权援助公益对话讲座，在周口电台循环播放。

驻马店市

一、知识产权执法维权专项行动、电子商务领域专利执法维权专项行动和省市县联合执法活动情况

2016 年，驻马店市知识产权局下发《关于开展查处专利侵权假冒行为联合执法检查活动的通知》，加强全市执法工作向县（区）的纵深发展，提升协同执法办案能力。全年检查涉及玩具、小家电、日用品、食品等商品 1 600 余件，其中带专利标识商品 300 多件，假冒专利 13 件。

二、专利行政执法、受理专利侵权假冒案件和专利纠纷情况

2016 年，驻马店市知识产权局共处理案件 61 件，其中查处假冒专利案件 13 件，调处专利权属纠纷案件 1 件，处理电商案件 47 件。

济源市

一、知识产权执法维权专项行动

2016 年，济源市知识产权局组织执法人员深入企业进行执法宣传，向企业

的负责人和工程技术人员讲解专利保护维权的基本知识；联合市公安局、工商局的执法人员深入大型商场和中原国际商贸城、欧凯龙建材城等开展执法维权专项行动 3 次。

二、专利行政执法、受理专利侵权假冒案件和专利纠纷情况

2016 年，济源市知识产权局共开展流通领域联合执法检查 5 次，调查处理案件 9 件。“12330” 热线共受理电话咨询、举报和投诉 100 余人次。

汝　州　市

2016 年，汝州市科技局联合平顶山知识产权局开展查处专利侵权假冒行为联合执法检查活动，参与联合行动人员抽检出带有专利标识产品 60 多件，现场纠正标注不规范行为 4 件，通过检索、核实等环节，下达责令整改通知书2 份。

滑　县

2016 年，滑县知识产权局与河南省知识产权局、安阳市知识产权局联合开展了 “2016 年双打专项行动”，对滑县的超市及各大药店共万余件专利商品进行了检查。

长　垣　县

2016 年，长垣县知识产权局开设了专利行政执法巡回审理庭，受理了专利侵权纠纷案 2 件。

专利管理

河南省专利管理工作

一、国家知识产权试点示范城市、强市建设情况

2016 年，河南省被国家知识产权局批准为全国十个专利代理行业改革试点省之一，年度新设立专利代理机构及分支机构 6 家。截至 2016 年底，河南省共有专利代理机构及分支机构 44 家，国家知识产权示范城市 5 家，分别为郑州、洛阳、南阳、信阳、安阳，数量居中部省份首位；试点城市 4 家，分别为许昌、平顶山、濮阳、焦作；国家知识产权强县示范县 1 家；国家知识产权强县试点县（区）11 家；洛阳高新区、郑州高新区 2 家国家知识产权示范园区和国家知识产权创意产业试点园区 1 家。此外，新增专利代理资格人员 189 名，专利代理人 217 名，771 人拥有专利代理资格证。

二、企事业单位知识产权管理规范实施情况

2016 年，河南省知识产权局推广实施《企业知识产权管理规范》（GB/T 29490—2013）贯彻落实工作（简称“贯标”），开展以下工作：①出台下发了《关于做好 2016 年企业知识产权管理标准化认证工作的通知》文件，明确河南省贯标认证企业奖补政策、培训辅导及相关政策支持措施，督导加快贯标认证；设立贯标认证奖补资金，对河南省 2015 年贯标认证通过企业郑州威科姆科技股份有限公司等 11 家企业给予奖励 55 万元。②将企业开展贯标纳入强企备案工作重要指标，激励企业开展企业知识产权贯标工作。③河南省淇县永达食业有限公司、驻马店中集华骏车辆有限公司等 31 家公司获企业知识产权管理规范贯标认证，涵盖 10 个省辖市。

三、河南省各省辖市知识产权管理机构设置情况

河南省各省辖市知识产权管理机构设置

机构名称	隶属关系	性质	级别	内设部门	编制人数
河南省知识产权局	科技厅下属二级局	参公	副厅	办公室	38
				法律事务处	
				协调管理处	
				专利代办处	
				省知识产权战略工作领导小组办公室	
郑州市知识产权局	科技局下属二级局	参公	副处	法律事务处	37
				规划发展处	
				协调管理处	
				专利执法处	
开封市知识产权局	科技局下属二级局	事业	科级		4
洛阳市知识产权局	科技局下属二级局	参公	副处	办公室	16
				法律事务科	
				协调管理科	
平顶山市知识产权局	科技局下属二级局	参公	副处	综合科	8
				协调管理科	
				执法科	
安阳市知识产权局	科技局下属二级局	参公	副处	办公室	14
				法律事务科（加挂安阳市维权援助中心）	
				协调管理科	
鹤壁市知识产权局	科技局下属二级局	参公	副处	法规科	8
				综合科	
新乡市知识产权局	科技局下属二级局	参公	副处	综合协调科	17
				法律事务科（知识产权执法大队）	
				维权援助与举报投诉中心	

续表

机构名称	隶属关系	性质	级别	内设部门	编制人数
焦作市知识产权局	科技局下属二级局	参公	副处		4
濮阳市知识产权局	科技局下属二级局	事业	副处	办公室 协调管理科 法律事务科（挂知识产权维权援助中心）	10
许昌市知识产权局	科技局下属二级局	参公	副处	办公室 执法科 综合管理科	12
漯河市知识产权局	科技局下属二级局	参公	副处		5
三门峡市知识产权局	科技局内设处室	行政	副处		2
南阳市知识产权局	科技局下属二级局	参公	副处	办公室 法制科 协调管理科	12
商丘市知识产权局	科技局下属二级局	参公	副处	综合科 法律事务科	13
信阳市知识产权局	科技局下属二级局	参公	副处	办公室	15
周口市知识产权局	科技局下属二级局	参公	副处	综合科 专利管理科	6
驻马店市知识产权局	科技局下属二级局	参公	副处	办公室 业务科 法律事务科	8
济源市知识产权局	科技局下属二级局	参公	科级		3

四、知识产权培训基地专利管理工作

新乡职业技术学院在 2012 年 7 月成立了实用技术研发中心（在编），由实用技术研发中心负责全院知识产权工作，配有 2 名专职工作人员。

省辖市、省直管县（市）专利管理工作

郑　州　市

一、知识产权管理机构

截至2016年底，郑州市知识产权局为参公管理的副处级事业单位，由郑州市科技局领导，内设4个处室，为协调管理处、规划发展处、法律事务处、专利执法处。

二、企事业单位知识产权管理规范实施情况

2016年，郑州市实现贯标企业40家。

开　封　市

根据2015年开封市机构编制委员会办公室《关于设立开封市知识产权局的批复》，同意设立开封市知识产权局，为正科级事业单位。截至2016年底，开封市知识产权局在编工作人员4名。

洛　阳　市

一、知识产权管理机构

洛阳市知识产权局隶属于洛阳市科技局，为参公管理的副处级事业单位，主要负责全市专利工作，承担全市专利工作行政管理职能及知识产权方面的协调职能。全局内设办公室、法律事务科、协调管理科3个科室，共有在职人员11名，退休职工10名；下设二级机构洛阳市知识产权维权援助中心，在职人员7名。

二、专利代理机构

（一）北京中原华和知识产权代理有限责任公司洛阳办事处

业务范围：①国内专利挖掘、撰写、申请、复审。②商标咨询、申请、复审。③作品登记、软件著作权的登记、变更、查询等。④PCT 国际专利申请。

从业人员：目前驻洛办事处高管人员 3 名，代理人 2 名，流程人员 3 名，业务人员 3 名，财务 2 名。

代理量：年代理量 200~300 件。

效益情况：客户以中小型企业为主，知识产权意识不强，业务量有限。

（二）洛阳公信知识产权事务所

业务范围：专利代理、商标代理、知识产权案件诉讼代理、版权代理、海关备案代理、产业专利分析、企业知识产权运营服务、企业知识产权托管等。

从业人员：60 人。

代理量：年代理量达到 3 500 件以上。商标注册代理量达 150 件以上。

效益情况：以大中型企业为主，业务量较多。

（三）河南广文律师事务所

业务范围：企业知识产权战略设计、申请、管理、维权、侵权规避等，具体包括知识产权管理顾问、专利申请代理及侵权诉讼、商标代理及诉讼、著作权及诉讼、不正当竞争以及商业秘密的顾问和诉讼代理。

从业人员：执业律师 28 名，实习律师 6 名；专利工程师 2 名，内勤人员 3 名。其中知识产权部律师 5 名（3 名具有专利代理资格），专利工程师 2 名，内勤人员 1 名。

代理量：年代理量约 60 件。

效益情况：客户以生产技术型企业为主。由于获得专利代理资质较晚，整体业务量不大。

（四）洛阳市凯旋专利事务所

业务范围：专利申请代理，包括实审答辩、复审、撤销、宣告专利权无效、维权代理；技术中介，包括专利技术的评估、转让、专利权过户；技术检索，包括产品最新相关技术、专利技术检索。

从业人员：20 人，其中代理人 6 名。

代理量：代理申请约 1 500 项，维权约 6 项。

（五）洛阳振邦知识产权代理服务有限公司

业务范围：知识产权咨询；商标代理、版权代理；科技文献服务，科技信息咨询服务；高新技术创业服务（不含需审批项目）。

从业人员：10 人。

代理量：年代理量约 500 件。

（六）洛阳市智博汇达专利信息服务中心

业务范围：知识产权领域的专利信息咨询，专利信息技术开发、技术咨询、技术服务，引进技术推广及技术培训。

从业人员：9 人。

代理量：提供专利侵权案件咨询 30 余件；技术推广 60 余件；技术培训 20 余次。

安 阳 市

一、知识产权管理机构

安阳市知识产权局于 2002 年成立，是参公管理的副处级全额预算管理事业单位，内设办公室、法律事务科（加挂安阳市维权援助中心）、协调管理科。2006 年，安阳市各县（市、区）级知识产权管理机构全部建立，成为省内首家县（市、区）级知识产权管理机构全部建立的省辖市。

二、专利代理机构

安阳市智浩专利代理事务所

负责人：张智和。

代理量：年代理量约 450 件。

三、企事业单位知识产权管理规范实施情况

2016 年，安阳市知识产权局协调国家认证机构，指导安阳市岷山有色金属

有限责任公司、安阳全丰生物科技有限公司、林州市林丰铝电有限责任公司等 3 家企业通过认证，贯标认证企业达到 5 家。

鹤　壁　市

一、知识产权管理机构

鹤壁市知识产权局隶属于鹤壁市科技局，为参公管理的副处级事业单位，主要负责全市专利工作，承担全市专利工作行政管理职能及知识产权方面的协调职能。

二、企事业知识产权管理规范实施情况

2016 年，鹤壁市知识产权局组织河南天海电器有限公司、河南省淇县永达食业有限公司 2 家首批贯标企业开展企业知识产权管理规范工作，企业和服务机构开展培训及对接活动，出台了知识产权管理具体操作标准，完成了《企业知识产权管理规范》（GB/T 29490—2013）贯标认证工作。

新　乡　市

2016 年，中国人力资源社会保障部、国家知识产权局决定，授予新乡市知识产权局“全国专利系统先进集体”称号。

焦　作　市

一、知识产权管理机构

焦作市知识产权局属于参照公务员管理的副处级单位，现有编制 4 名，其中副处级 1 名，正科级 1 名，主任科员 1 名。焦作市管辖的县（市）区均都设置有相应的副科级机构，其中山阳区知识产权局有 6 名，孟州市知识产权局 10 名。

二、专利代理机构

焦作市科彤知识产权代理事务所

该所成立于2016年2月，是焦作市第一家经国家知识产权局批准成立的专利代理机构（机构代码：41133），也是经过国家工商行政管理总局商标局备案的商标代理机构，事务所拥有长期从事专利、商标服务的资深专职代理人6名，法律咨询人员2名，近30名从业员工。

负责人：张莉（法人）。

业务范围：商标代理、版权代理、市知名商标认定、省著名商标及中国驰名商标认定；科技成果鉴定、科技项目申报、高新技术企业及工程技术中心认定；专利的挖掘、保护及应用等。为河南佰利联化学股份有限公司、河南平原光电有限公司、焦作隆丰皮草企业有限公司等500多家企业和个人提供知识产权服务，截至2016年底，事务所代理服务量602件。

三、企事业单位知识产权管理规范实施情况

中原内配集团股份有限公司为结合全球化战略布局情况，制定了《知识产权建设工作方案》，通过2~3年的建设，完成《企业知识产权管理规范》（GB/T 29490—2013）贯标工作，调动职工发明创造的积极性、增强公司自主知识产权产品在销售市场的地位。

濮　阳　市

一、知识产权管理机构

濮阳市知识产权局是隶属市科技局领导的副处级事业单位，内设机构包括办公室、协调管理科、法律事务科（挂知识产权维权援助中心），规格均相当于正科级，事业编制10名。其中局长1名，副局长1名，内设机构正科级领导职数3名，副科级领导职数1名；人员编制结构为管理人员9名，工勤人员1名，实有10名。

二、专利代理机构

濮阳华凯知识产权代理事务所

专利代理机构代码为41136，于2016年9月19日经国家知识产权局审批

成立。

从业人员：10 人。

负责人：王传明。

代理量：年代理量约 110 件。

三、国家知识产权试点城市建设

2016 年，濮阳市政府制定并出台了《濮阳市加快实施知识产权战略促进专利技术产业化的若干措施》，于 2016 年 11 月 17 日提交市政府第三十五次常务会议研究并通过，以濮政〔2016〕79 号文件印发。

四、企事业单位知识产权管理规范实施情况

2016 年，濮阳市把推进《企业知识产权管理规范》（GB/T 29490—2013）贯彻落实工作纳入年度目标管理和知识产权项目计划，确定了濮阳市中原锐实达石油设备有限公司、濮阳惠成电子材料股份有限公司、河南省豫阳光食品机械有限公司 3 家试点。迈奇化学股份有限公司通过国家贯标认证，成为濮阳市首家通过贯标认证的企业。

许　昌　市

一、知识产权管理机构

许昌市知识产权局是副处级单位，编制 12 名，内设 3 个科室（办公室、执法科和综合管理科），现有在职人员 10 名。

二、专利代理机构情况

（一）洛阳公信知识产权事务所许昌分所

从业人员：现有员工 18 名，由专利代理部、流程管理部、财务部和企业联络部 4 个部门组成。

负责人：胡苗苗。

代理量：年代理量约 330 件。

（二）许昌豫创知识产权代理事务所

从业人员：6 人。

负责人：李海帆。

代理量：年代理量 800~1 000 件。

三、国家知识产权示范城市建设情况

2016 年 4 月，在全市科技创新大会上，许昌市对 2015 年获得发明专利的单位和个人进行了奖励，每件奖励 2 000 元。为了提高专利的数量和质量，2016 年许昌市将专利申请量和专利授权量纳入《许昌市县（市、区）经济社会发展目标考核评价工作办法》当中，并且提高了发明专利和 PCT 国际专利所占的权重，增加了发明专利和 PCT 国际专利的分值。许昌市政府出台了《许昌市人民政府办公室<关于印发许昌市专利资助资金管理办法>的通知》（许政办〔2016〕48 号）。许昌市委、市政府将市知识产权局升格为副处级单位，编制人员由 7 名增加到 12 名。魏都区也单独成立了知识产权局，编制人员 8 名，其他县（市、区）均在科技局内部设置了知识产权办公室。2016 年，市本级知识产权资金投入由 2015 年的 60. 55 万元增加到 179. 79 万元，部分县（区）知识产权发展专项资金实现了从无到有质的突破，为知识产权事业发展奠定了良好的资金保障。

四、知识产权强县工程建设情况

长葛市 2009 年实施国家强县工程，后调整为国家知识产权试点（县）市。截至 2016 年底，长葛市国家级知识产权优势企业 2 家、国家创新型企业 1 家、省级知识产权优势企业 4 家；专利申请量和授权量连年增长，近 5 年共计申请专利 11 924 件，授权 5 247 件；在全省县市中率先建立了河南省专利技术（长葛）展示交易中心，展示专利发明成果，促进交流与转化，自中心成立以来，共组织 4 次专利展示交易会，展示专利近百项，接待咨询人员近千人。

五、企事业单位知识产权管理规范实施情况

2016 年，许昌市共 3 家企业参与知识产权贯标。截至 2016 年底，有 2 家企业通过知识产权管理体系认证。

漯 河 市

漯河市知识产权局是参公管理的副处级事业单位，归口漯河市科技局管理。核定事业编制 5 名，经费实行财政全额预算管理，实有 5 名，其中副县级领导 1 名（市管），科级人员 2 名，科员 2 名。

周 口 市

周口市知识产权局成立于 2004 年，编制 6 名，内设副科级科室 2 个，工作人员 6 名。

济 源 市

一、知识产权管理机构

济源市知识产权局成立于 2005 年 6 月，为济源市科技局二级机构，机构规格相当于正科级，核定事业编制 3 名，其中局长 1 名，副局长 1 名，经费实行财政全额预算管理。2007 年 2 月河南省人事厅批准为参照公务员管理的事业单位，2015 年 2 月济源市机构编制委员会办公室批复为公益一类事业单位。

二、专利代理机构

郑州中原专利事务所有限公司济源工作站

负责人：霍彦伟。

从业人员：2 人。

代理量：年代理量 156 件。

汝 州 市

一、知识产权管理机构

汝州市知识产权办公室成立于 2011 年 3 月，隶属汝州市科技局领导，股级事业单位，编制 5 名，实际工作人员 2 名。

二、企事业单位知识产权管理规范实施情况

2016 年，汝州市有 2 家企业制定知识产权管理规范并实施，分别是河南梦想食品有限公司和河南弘宝汝瓷坊有限公司。

兰　考　县

2016 年，兰考县机构改革，兰考县科技局与兰考县工业信息化局合并，单位名称变更为兰考县科学技术和工业信息化委员会（简称“兰考县科工信委”），内设 1 个知识产权办公室。

长　垣　县

一、知识产权强县工程

2016 年，长垣县知识产权局完成国家知识产权强县工程示范县复核。

二、企事业单位知识产权管理规范实施情况

2016 年，河南省大方重型机器有限公司、河南省黄河防爆起重机有限公司、河南驼人医疗器械集团有限公司、河南省远洋粉体科技股份有限公司等 4 家企业获得知识产权管理规范认证。

专利服务

河南省专利服务工作

一、河南省知识产权局专利服务工作

（一）专利服务窗口

2016 年，国家知识产权局专利局郑州代办处共办理专利申请 40 008 件，其中纸件申请 1 403 件，电子申请 38 605 件，纸件扫描 1 403 件，电子申请注册 1 399件。专利收费 168 480 笔，收费金额 37 558 061. 4 元。代办处通知书发文 106 880 件，专利质押登记 17 件，实施许可合同备案 36 件，登记簿副本 852 件，费减备案 9 440 件。

（二）专利申请资助

2016 年，河南省知识产权局对河南省 1 551 项专利给予资助，资助总金额 150 万元。

（三）河南省知识产权专家咨询委员会

2016 年，河南省知识产权局研究制定了《河南省知识产权专家咨询委员会章程》，确定了由 25 名专家组成咨询委员会。

（四）河南省知识产权专家库

2016 年，河南省知识产权局确定了河南省知识产权专家库建库方案，研究制定了《河南省知识产权专家库管理办法》。

（五）河南省知识产权软科学项目

2016 年，河南省知识产权局组织开展 2016 年河南省知识产权软科学研究项目申报评审工作，确定 26 个项目为年度软科学项目，下发《2016 年度河南省知识产权软科学研究计划项目立项的通知》，组织开展 2017 年河南省知识产权软科学研究项目申报工作，确定 50 个项目为 2017 年软科学项目。

二、知识产权培训基地专利服务工作

（一）河南师范大学

1. 知识产权人才培养与管理

2016 年，河南师范大学校党委批准设立知识产权学院，与法学院合署办公，与河南省知识产权局达成合作协议，合作共建该知识产权学院；12 月，河南省知识产权局批准依托该学院设立河南省知识产权培训基地。该基地是继中原工学院、郑州大学后，河南省成立的第三所知识产权学院，也是全国第三十所知识产权学院。学院现有专门从事知识产权教学与科研的专职教师 8 人，其中教授 2 人（1 人为特聘教授），副教授 6 人，博士 6 人；教学研究方向与知识产权相关的教师 27 人；聘请 10 余位实务专家长期担任兼职教师，为学生授课。

2. 知识产权软科学研究工作

2016 年，河南师范大学承担新乡市知识产权局横向科研项目“新乡地区企业知识产权保护现状调查研究”。

（二）中原工学院

1. 专利信息服务平台建设

2016 年，中原工学院获批国家专利协同运用试点单位，成为全国 8 所试点高校之一，为河南省唯一入选高校。

2. 知识产权人才培养与管理

中原工学院法学院知识产权学院是学校成立较早的教学单位之一，前身分别为社科部、政法系、人文与社科学院、政法学院。2014 年 7 月成立河南省高校首家知识产权学院，与法学院合署办公，与河南省知识产权局共建。现有教职工 46 人，其中教授 4 人，副教授 13 人，具有博士学位的教师 19 人，在读博士 5 人；全国知识产权领军人才 1 人，国家知识产权专家库专家 2 人，国家知识产权百名高层次人才 1 人，入选中央政法委、教育部双聘千人计划 2 人，河南省委法律专家成员 2 人，河南省法治智库专家 2 人，河南省人大常委会立法咨询专家 2 人，河南省知识产权高层次人才 3 人，河南省教育厅学术技术带头人 3 人，河南省跨世纪学术技术带头人 1 人，赴美访问学者 3 人，赴美高级培训 1 人；20 名教师为兼职律师，7 名教师有检察官、法官任职经历。2014 年学院设置知识产权本科专业，并招收第一届本科生。2016 年，法学院知识产权学院有在校知识产权本科生 149 人，知识产权研究生 27 人。

3. 知识产权软科学研究工作

2016 年，中原工学院有 4 项河南省知识产权软科学项目在研。

（三）新乡职业技术学院

2016 年，新乡职业技术学院除 2 名专职工作人员外，还在学院教师队伍中挑选 5 名教师来讲授知识产权相关课程。

省辖市、省直管县（市）专利服务工作

开　封　市

2016 年，开封市知识产权维权援助中心开通“12330”知识产权维权热线电话。开封市知识产权局网站投入试运作。

洛　阳　市

2016 年，北京中原华和知识产权代理有限责任公司洛阳办事处承担了“河洛英才”计划 5 个行业团队的专利检索工作，为洛阳市引进人才提供了有力的支持。洛阳公信产业专利分析有限公司开展专利侵权分析、专利预警分析和重大知识产权分析评议项目共 30 余项，为企业进出口产品预警、境外展会活动、专利布局等工作奠定了基础。

焦　作　市

一、知识产权服务载体建设、专利信息服务平台建设及利用

截至 2016 年底，多氟多化工股份有限公司拥有国家高技术产业化示范工程 1 项，国家资源节约和环境保护工程 2 项，国家资源型城市吸纳就业、发展接续替代产业项目 1 项，国家重点新产品 3 项，国家火炬计划 2 项，河南省科技成果 11 项，申报国家专利 130 余件，其中发明专利 106 件；主持制定、修订了冰晶石、氢氟酸、氟化铝等 40 多项国家标准和多项行业标准，研制了冰晶石、氟化铝等国家标准样品，组建了无机氟化工行业第一家国家认可实验室；是第十七批国家认定企业技术中心，全国化学标准化技术委员会无机化工分会氟化盐工作组召集单位，全国有色金属标准样品定点研制单位。公司研制的冰晶石和氟化铝国家仪器标准样品，被国际标准组织推荐为 ISO 国际标准样品，同时公司制定的冰

晶石和氟化铝中各元素的分析方法标准被推荐为国际标准。

二、知识产权人才培养与管理

焦作市知识产权局根据实际情况制定专利管理、专利分析等各类知识产权人才培养计划，不断壮大知识产权人才队伍，2016 年第一季度，下发河南省知识产权培训计划，启动 2016 年度知识产权远程教育工作，组织举办知识产权系统领导干部加强党性教育、河南省外向型企业 PCT 国际专利申请和中小学知识产权师资培训班；第二季度，支持和指导培训基地开展特色培训，组织年度远程教育培训第一次考试，组织县处级领导干部知识产权战略研究班；第三季度，组织年度远程教育培训第二次考试，组织知识产权远程师资培训班；第四季度，组织举办宣传工作暨政务信息培训班，开展培训基地、远程教育总结，组织 2016 年度远程教育培训第三次考试。为提高焦作市企业特别是生物医药企业的专利信息利用能力，2016 年 1 月 5 日，焦作市知识产权局举办了焦作市知识产权维权与专利信息利用培训班；为提高焦作市专利行政执法业务能力，提升执法办案水平，推进知识产权维权援助机制建设，2016 年 7 月 5 日，焦作市知识产权局举办了焦作市专利执法维权实务培训班。为提高知识产权执法维权援助业务能力，提升执法维权实战业务水平，强力推进知识产权强市建设，2016 年 9 月 2 日，焦作市知识产权局联合河南（焦作）知识产权维权援助中心在焦作科技大市场举办知识产权执法维权援助实战培训研讨班。

濮　阳　市

一、专利信息服务平台建设及利用

2016 年，濮阳市知识产权局确定了濮阳濮耐高温材料（集团）股份有限公司、濮阳市科学技术情报研究所 2 个专利信息应用试点，承办河南省中小微企业专利信息地市服务行（濮阳）活动，面向企业开展了专利信息运用及知识产权基础知识培训、专利分析评议等工作。

二、知识产权人才培养与管理

2016 年，濮阳市知识产权局以办好河南省知识产权远程教育濮阳分站为重点，加强人才队伍培养。全年共组织学员 943 人，取得结业证 1 298 人次。分站工作位居全省前列，在 10 月 24 日全国知识产权远程教育管理员培训班上做了典型发言。

济　源　市

2016 年，济源职业技术学院申报的“河南高校推进知识产权远程教育策略研究”被列入河南省知识产权软科学研究项目。该项目主要结合近年来河南高校开展知识产权远程教育的基本情况，紧密结合河南省知识产权的实际工作需求，提出了在河南高校推进知识产权远程教育的课题，并提出了河南高校推进知识产权远程教育的具体策略，选题具有针对性和前瞻性，有助于挖掘河南省知识产权远程教育的巨大潜力，兼具理论指导性和实践操作性。

兰　考　县

郑州大通专利商标代理有限公司（兰考办事处），负责人陈勇，现有职工 32 名，从事专利代理事务工作 15 名，11 名拥有专利代理资格证，其中研究员 1 名，副研究员1 名，硕士研究生 3 名，工程师 8 名，律师 2 名；从事机械、物理行业代理 6 名，从事电学、计算机、计算机软件代理 5 名，从事化学、生物、基因工程代理4 名，专门从事许可证贸易、技术转让 2 名。

宣传培训

河南省知识产权宣传培训工作

一、知识产权培训工作

（一）全省知识产权局系统领导干部加强党性教育培训班

2016 年 3 月 1~4 日，河南省知识产权局在信阳大别山干部学院举办全省知识产权局系统领导干部加强党性教育培训班。各省辖市、省直管县（市）知识产权局负责人、省知识产权事务中心负责人和局机关干部，约 60 人参加了培训。会议对 2015 年工作进行了总结，安排 2016 年各项工作任务，解读《国务院关于新形势下加快知识产权强国建设的若干意见》（国发〔2015〕71 号），加强了知识产权局系统领导干部党性教育，培养了革命精神。

（二）河南省企业海外知识产权运用与保护培训班

2016 年 3 月 29~31 日，河南省知识产权局在郑州市举办了河南省企业海外知识产权运用与保护培训班。此培训班由省知识产权局主办、省知识产权保护协会承办。来自省内的知识产权优势企业、重要的外向型出口企业等多家企业的代表和管理人员约 170 人参加了培训。

中国知识产权培训中心结合知识产权强国建设和河南省企业需求，邀请了经验丰富的专家针对海外知识产权申请与保护面临的形势及重要性、海外知识产权申请的技巧、海外展会知识产权保护存在的问题与注意事项，以及国外专利信息利用等相关课题进行讲解。

（三）河南省中小学知识产权师资培训班

2016 年 4 月 26~27 日，河南省知识产权局和教育厅联合举办的河南省中小学知识产权师资培训班在郑州开班。各省辖市、直管县（市）知识产权局和教育局系统、63 所省中小学知识产权普及教育实验基地的负责同志等近 200 人参加了会议。会议为全国中小学知识产权试点学校河南省第二实验中学和河南省第二批、第三批中小学知识产权普及教育实验基地进行了授牌，对两年来全省的中小学知识产权普及教育工作进行了总结。

（四）2016 年河南省县处级领导干部知识产权战略研究班

2016 年 6 月 1~3 日，由中共河南省委组织部、中国知识产权培训中心、河南省知识产权局联合举办的 2016 年河南省县处级领导干部知识产权战略研究班在北京开班。来自河南省各省辖市、直管县（市）主管知识产权工作的县处级领导及省直有关部门相关处室的处级负责人约 80 人参加了研究班，进行了为期 3 天的培训。

（五）专利信息助力创新能力提升培训班

2016 年 6 月 21 日，由国家知识产权局文献部主办、河南省知识产权局承办的专利信息助力创新能力提升培训班在郑州开班。来自各省辖市、省直管县（市）知识产权局及郑州航空港经济综合实验区管委会的领导和知识产权负责人、部分电子信息相关企业管理人员、中介服务代表参加了培训。

（六）2016 年专利代理行业改革试点倾斜政策培训班

2016 年 7 月 8~10 日，由国家知识产权局主办、河南省知识产权局承办的 2016 年专利代理行业改革试点倾斜政策培训班在郑州举办。来自全省 50 余名学员参加了为期 3 天的培训。

（七）全省电子商务领域专利执法维权专项行动暨实战培训班

2016 年 8 月 2 日，由河南省知识产权局主办的全省电子商务领域专利执法维权专项行动暨实战培训班在郑州举办。来自各省辖市、省直管县（市）负责执法维权工作的 60 多名业务骨干人员参加了为期 4 天的培训。

（八）河南省全国专利代理人资格考试考前培训班

2016 年 8 月 17 日，由河南省知识产权局主办、国家知识产权培训（郑州大学）基地和郑州市邦成知识产权服务有限公司联合承办的河南省全国专利代理人资格考试考前培训班在郑州举办。来自全省 100 余名学员参加了为期 12 天的考前辅导培训。

（九）哈密地区企业知识产权培训班

2016 年 8 月 26 日，河南省知识产权局与哈密地区知识产权局共同举办的哈密地区企业知识产权培训班开班。

（十）全国专利行政执法上岗培训班

2016 年 9 月 26~30 日，受国家知识产权局专利管理司委托，河南省知识产权局承办的全国专利行政执法上岗培训班在郑州举办。来自全国 17 个省、市、自治区及河南省 18 个省辖市和 10 个省直管县（市）的 120 余名学员参加了培训。

（十一）河南省高校知识产权综合能力提升研讨培训班

2016 年 9 月 27 日，河南省高校知识产权综合能力提升研讨培训班在中原工学院举办。全省 129 所高校分管知识产权和科研的人员参加了培训。

（十二）河南省高校知识产权创造运用能力提升培训班

2016 年 12 月 21 日，由河南省知识产权局主办的河南省高校知识产权创造运用能力提升培训班在郑州举办。来自全省 130 所高校的科技处负责人、知识产权工作人员 150 人参加了培训。

（十三）河南省企业知识产权创造运用能力提升培训班

2016 年 12 月 22 日，由河南省知识产权局主办的河南省企业知识产权创造运用能力提升培训班在郑州举办。来自各省辖市、省直管县（市）知识产权局相关负责人、2016 年强企备案企业知识产权管理人员、咨询服务机构相关工作人员 150 人参加了培训。

（十四）专利导航产业发展实验区工作推进研讨培训班

2016 年 12 月 23 日，由河南省知识产权局主办的专利导航产业发展实验区工作推进研讨培训班在郑州举行。参加首批专利导航产业发展实验区申报的省辖市知识产权局、所在县（市、区）及产业集聚区负责人，准备申报第二批专利导航产业发展实验区的省辖市知识产权局、所在县（市、区）及产业集聚区负责人，以及省知识产权事务中心、审协河南中心工作人员等百余人参加了培训。

二、知识产权巡讲工作

2016 年，河南省知识产权局启动知识产权巡讲活动的筹备工作，召开省直管县知识产权巡讲活动座谈会，征集巡讲活动需求；制定知识产权巡讲方案，设置巡讲课程，遴选巡讲专家；细化巡讲活动委托内容，签订巡讲活动委托协议；下发全省知识产权巡讲活动通知和计划表；制作巡讲活动展板和调查问卷，稳步推进知识产权巡讲活动的开展。巡讲历时 3 个月，覆盖 10 个省直管县、6 个重点区域和 5 个高校共计 21 场，发放调查问卷 1 000 余份，受训规模达到 3 000 人次。

三、知识产权宣传工作

2016 年，河南省知识产权局在郑州大学举办了“4·26”知识产权宣传周开幕式，知识产权强省建设专家巡讲首站开讲，河南省知识产权局网站开设宣传专题并链接至国家知识产权局网站首页；开设网上专家论坛，征集发表河南省知识产权高层次人才知识产权论文 20 余篇；组织新华社、人民网、《河南日报》、《中国知识产权报》等 10 家媒体开展“媒体知识产权中原行”活动，刊发新闻稿件 30 多篇；对知识产权万里行、全国知识产权品牌对接会、第十届中国专利周河南地区活动等大型活动进行了重点报道；河南省知识产权局门户网站全年刊发稿件 747 篇，微信公众号推送 145 篇，全年在省级以上媒体刊发稿件 366 篇，广大通讯员在国家知识产权局网站发稿量连续多年名列全国前三位，在全国知识产权系统网站工作会议上受到表彰；全年编撰印刷《中国知识产权报河南新闻作品选编 2011—2015 年卷》《河南省知识产权局 2015 年年报》《河南专利执法十年 2006—2015 年卷》等各类宣传材料，编印《河南知识产权》动态 12 期和强省试点省宣传画册，制作省有关知识产权电视专题。

四、知识产权中小学普及教育工作

（一）中小学知识产权普及教育专题会议

2016 年 1 月 26 日，河南省知识产权局组织召开中小学知识产权普及教育专题会议。河南省知识产权事务中心、河南省教育厅基教一处相关人员参加了会议。会议对第三批申报知识产权普及教育实验基地的中小学进行了评审，确定了 21 所河南省第三批中小学知识产权普及教育实验基地。

（二）中小学实验基地专利申报资助工作

2016 年 5 月，河南省知识产权局面向实验基地学校组织开展中小学师生专利资助工作，累计收到资助申请 62 份，其中巩义 57 份、南阳 4 份、许昌 1 份。经过初审、推荐、审查、评审等程序，已发放专利资助共 24 800 元。

（三）正式出台《河南省中小学知识产权普及教育示范基地管理办法》

2016 年 6 月，河南省知识产权局、河南省教育厅共同出台《河南省中小学知识产权普及教育示范基地管理办法》，为中小学知识产权普及教育工作的深入推进奠定基础。

（四）第一批实验基地考核工作

2016 年 8 月，河南省知识产权局组织开展河南省第一批中小学知识产权普及教育实验基地考核工作，按照河南省中小学知识产权普及教育考核指标内容对第一批 20 所中小学实验基地进行了考核，其中通过考核 19 所。

（五）第四批实验基地申报工作

2016 年 8 月，河南省知识产权局联合河南省教育厅组织开展河南省第四批中小学知识产权普及教育实验基地申报工作，经过学校申报、初审、推荐、审查、评审等程序，2016 年 11 月发文确定第四批中小学知识产权普及教育实验基地 53 所。

（六）知识产权巡讲活动

按照中小学知识产权普及教育实验基地建设统一安排，河南省知识产权局开展了实验基地知识产权巡讲工作，2016 年启动了第三批实验基地的巡讲活动。省内外的 12 名知识产权普及教育专家走进中小学，累计为 1 万余名师生开展了精彩的科技创新与知识产权基础知识普及教育，指导学校创办科技创新工作间 6 个，发放知识产权普及教育读物 400 余份，宣传资料 5 000 余份。

（七）全省中小学知识产权创意大赛活动

2016 年 11 月，河南省知识产权局与河南省教育厅联合开展全省中小学知识产权创意大赛活动。以“发明实践成长”为主题，在全省 116 所中小学知识产权普及教育实验基地征集专利作品，开展知识产权体验比赛活动。

五、知识产权远程教育工作

（一）知识产权远程教育考核工作

2016 年 8 月，河南省知识产权局组织开展省知识产权远程教育考核工作，按照河南省知识产权远程教育平台和分站考核指标内容对远程教育平台和分站进行了考核，共 8 个远程教育平台和分站参与考核，其中通过考核 7 个。

（二）知识产权远程教育培训成效

截至 2016 年底，知识产权远程教育河南平台下设 8 个分站，建立班级 115 个，新增学员 3 228 人次，选课 11 315 人次，参加考试学员 6 746 人次。

六、知识产权培训基地建设

（一）郑州大学知识产权学院建设

2016 年 4 月 20 日，河南省知识产权局局长刘怀章到郑州大学进行调研，出席郑州大学知识产权学院建设方案座谈会，听取了郑州大学知识产权学院在学科建设、人才培养、科学研究、社会服务等方面的筹建情况汇报和国家知识产权培训（河南）基地建设情况。

（二）中原工学院共建知识产权学院商议会议

2016 年 6 月 23 日，中原工学院俞海洛教授一行到河南省知识产权局共商知识产权学院建设工作，与河南省知识产权局交流座谈，共同推进知识产权学院建设工作。

（三）知识产权培训基地考核工作

2016 年 8 月，河南省知识产权局组织开展省知识产权培训基地考核工作，按照河南省知识产权培训基地考核指标内容，河南省知识产权局办公室对 8 个省知识产权培训基地进行了考核。各知识产权培训基地都按时上报了总结材料和相关支撑材料，制定完善了知识产权人才培养机制，为全省培养了大量知识产权人才，在校园营造了浓厚的知识产权氛围。8 个培训基地全部通过工作考核。

（四）知识产权培训基地认定工作

2016 年 10 月，河南师范大学和安阳师范学院申报省知识产权培训基地。河南省知识产权局经过对所报资料进行初步审核，督促完善相关内容，对河南师范大学进行了实地考核。

七、知识产权培训基地宣传培训工作

（一）河南科技大学

1. 知识产权宣传工作

2016 年，河南省知识产权培训基地河南科技大学组织学生参加由国家版权局主办的第八届全国大学生版权征文大赛，其中获二等奖 2 名，三等奖 4 名、鼓励奖 7 名。河南科技大学连续 6 年荣获全国大学生版权征文组织奖。

2016 年 4 月，洛阳高新技术产业开发区人民法院巡回法庭在河南科技大学模拟法庭公开开庭，审理了国内某知名著作权集体管理协会诉讼洛阳某歌厅著作权纠纷一案，洛阳市中级人民法院知识产权庭全体法官，河南科技大学法学院教师、学生，律师总计 300 余人旁听了案件的审理。

2. 知识产权远程教育工作

2016 年，河南省知识产权远程教育河南科技大学分站总共设立 5 个班级，全年选课为 1 161 人次。

（二）河南师范大学

2016 年 4 月 21 日，新乡市中级人民法院巡回法庭在河南师范大学法学院公开审理一起著作权侵权纠纷案件。

4 月 26 日，为纪念世界知识产权日，加强知识产权知识宣传教育，河南师范大学法学院在新乡体育馆开展知识产权普法活动。

（三）中原工学院

1. 知识产权培训工作

2016 年 3 月 30 日，由河南省知识产权研究会会员单位举办的企业知识产权风险防控培训研讨会在郑州举办。

5 月 7 日，河南省知识产权研究会与河南省律师协会联合举办的网络知识产权保护专题培训讲座在中原工学院举行。

5 月 11~13 日，由中原工学院知识产权学院和河南省知识产权研究会承办的郑州航空港经济综合实验区 2016 年知识产权培训班在中原工学院举办。

9 月 27 日，河南省高校知识产权综合能力提升研讨培训班在中原工学院举行。全省 129 所高校分管知识产权、科研的领导、科技处处长参加研讨培训。

2. 知识产权巡讲工作

2016 年 10 月 27 日，河南省知识产权巡讲活动专场培训讲座在中原工学院举办。

3. 知识产权宣传工作

2016 年 3 月 10 日，由河南省知识产权研究会主办的河南知名文化品牌知识产权保护与运营研讨会在郑州举行。

4 月 22 日，郑州市中级人民法院在中原工学院法学院知识产权学院模拟法庭，开庭审理了关于漯河南街村食品有限公司诉商丘市诚实人食品有限公司商标侵权案件。

5 月 27 日，由河南省知识产权研究会会员单位河南智汇元知识产权运营管理有限公司与河南知识产权人俱乐部联合举办的移动互联网时代企业突围之路研讨会在郑州举行。

11 月 16 日，由河南省知识产权局、河南省知识产权研究会主办，中原工学院、中原大地传媒股份有限公司承办的河南省知识产权研究会 2016 年年会暨首届知识产权中原论坛在郑州召开。河南省知识产权研究会会员、学术顾问专家委员会委员、政策咨询专家委员会委员以及政府部门、科研机构、高校、知名企业、知识产权服务机构等单位的科研人员、管理人员共 260 余人参加会议。

12 月 24 日，由河南省知识产权研究会、河南省律师协会知识产权委员会共同组织的热点案例研讨会在中原工学院召开。河南省知识产权研究会、河南省律师协会知识产权委员会司法实务界与理论界相关领导、专家等 19 人参加研讨。

4. 知识产权培训基地建设

中原工学院知识产权研究中心成立于 2006 年，2012 年成为全省高校人文社科重点研究培育基地。该中心现有专兼职研究人员 18 人，其中教授 6 人，副教授 7 人，博士研究生 14 人，初步形成了一支具有法学、管理学、经济学、工学等交叉学科背景的研究队伍。自建立以来，承担了国家社会科学项目和其他省部科研项目近 20 项，先后主持和参与了《关于深入实施知识产权战略、支持中原经济区经济社会发展的若干意见》（国知发协字〔2014〕1 号）、《河南省知识产权战略纲要》、《河南省知识产权发展“十三五”规划》等重要政策文件的制定工作。2016 年，知识产权研究中心获得 4 项省部级项目立项，在 CSSCI（《中文社会科学引文索引》）核心期刊上共发表 11 篇论文，研究报告《河南省知识产权事业发展“十三五”规划》被河南省知识产权局采用，《河南省知识产权司法保护模式研究》获得 2016 年河南省发展研究奖。

5. 知识产权远程教育工作

2016 年，知识产权远程教育河南平台中原工程学院分站新增注册人数 460 人，在线学习人数 596 人，选课人次 604 次，参考人次 263 次。

（四）平顶山教育学院

1. 知识产权培训基地建设

2014 年 4 月，平顶山教育学院被河南省知识产权局确定为河南省知识产权实用人才培训基地。学院按照《河南省知识产权培训基地管理办法》的要求，对照《河南省知识产权实用人才培训基地工作方案》的目标任务，全面推进基地建设，成立了知识产权实用人才培训基地领导小组。学院实训场地 24 700 平方米，拥有多个适宜开展培训讲座的学术报告厅，其中有容纳 1 000 人以上的礼堂 1 个，容纳 240 人的讲座厅 3 个。各讲座厅（教室）配备多媒体等先进教学设施，校园网覆盖全院教学及办公场所，拥有计算机网络教学、心理咨询服务、网上信息交流等功能。学院图书馆藏书 35. 27 万册，各类期刊 1 496 种，各专业实验实训设备齐全。学院食堂建筑面积 6 640 余平方米，被河南省教育厅评为一级食堂，可同时容纳 100 余人同时就餐。学院新投入经费 30 余万元，为基地新建了先进多媒体教学系统的专用培训教室 2 个。

2016 年，学院制定了《知识产权实用人才培训基地管理办法》《知识产权实用人才培训基地工作职责》《知识产权实用人才培训基地专业教师管理办法》等规章制度，细化了各岗位工作人员工作职责，以保障基地各项工作有序进行。

2016 年，学院成立了知识产权维权援助志愿者协会，无偿开展“4·26”世界知识产权日等宣传活动。

2. 知识产权远程教育工作

2016 年，平顶山教育学院完成了综合班的建立及学员注册选课工作。根据实际情况及注册选课要求，培训班设班主任 1 人，安排了适合在校大学生学习相关的著作权和知识产权法律基础 2 门课程，全年共完成在线注册人数为 316 人，完成了河南省知识产权局分配给平顶山市的培训计划（2016 年省计划数为 300 人）。

学院教育干部培训中心于 2016 年 6 月组织开展了 2 门课程在线考试。全年知识产权远程教育培训考试合格率超过 95%。

（五）新乡职业技术学院

2016 年，新乡职业技术学院共有 90 人参加知识产权远程教育。

省辖市、省直管县（市）知识产权宣传培训工作

郑　州　市

一、知识产权培训工作

2016 年 4 月 20 日，郑州市知识产权局举办知识产权与创新创业论坛——企业贯标工作培训班。

二、知识产权宣传工作

2016 年，郑州市知识产权局举办了 2016 年度知识产权执法维权“护航”专项行动启动仪式，向社会公众发放宣传材料 1 000 余份，书籍 200 余本。郑州市第八中学知识产权基地举行了揭牌仪式。上街区利用电视、广播电台大力宣传知识产权，新密市组织郑州城市职业学院部分师生 700 余人召开宣传报告会。二七区在“U 创港”创新创业综合体开展 2016 年二七区“4・26”知识产权宣传周主题活动。国家知识产权创意产业试点园区举办了中国（郑州）第二届国际创新创业大会暨跨国技术转移大会知识产权专场——知识产权与创新设计论坛、2015 年河南省工业设计大赛颁奖仪式暨河南省第四届设计服务与制造业融合发展经验交流活动等。

开　封　市

一、知识产权培训工作

2016 年 1 月 13~15 日，开封市知识产权局就企业发展过程中所关心的专利申请、保护、信息利用和诉讼等内容举办了知识产权实务培训班，各县区科技局知识产权工作负责人和开封市辖区内重点企业、工业负责人、知识产权业务骨干

等近200 人参加了培训。

4 月 14~15 日，开封市知识产权局举办知识产权管理人员培训班，围绕知识产权形势分析、知识产权基础知识、知识产权管理与保护，以及专利信息利用等内容，对各县区科技局、大中型企业、科研院所、高新技术企业、备案的科技型中小企业的主要负责人等 300 余人进行了培训。

10 月 14 日，开封市知识产权局举办 2016 年专利调查培训班，20 余家高新企业及高校专利负责人参加了培训。

二、知识产权宣传工作

2016 年，开封市知识产权局在《开封日报》开设知识产权专题（专栏），共发表文章 20 余篇。专题每期 1 案，通过对典型的知识产权侵权或纠纷案例的分析，从案情入手，着力于对判决（行政处理）结果进行点评，以通俗易懂的文字向社会公众普及知识产权相关法律知识。

三、知识产权中小学普及教育工作

2016 年，开封市知识产权局按照《开封市加强和改进中小学德育工作成员单位职责及工作制度》要求，在金明中学等单位开展知识产权普及教育活动，通过举办培训班、观摩学习等方式，切实提升中小学生发明创造的积极性，提升中小学生认识知识产权、尊重知识产权、保护知识产权的意识。

四、知识产权远程教育工作

2016 年，开封市知识产权局组织知识产权远程教育，参加人数约 60 人。

洛　阳　市

2016 年 5 月 21~23 日，洛阳市知识产权局和洛阳市维权援助中心工作人员参加 2016 年中国・洛阳（国际）创意产业博览会暨第四届“三彩杯”创意设计大赛，在展览区设立工作站并布置“12330”海报展板，发放宣传资料千余份，现场提供维权援助与咨询服务，受理侵权举报投诉，将展会专利保护与知识产权宣传有机融合，提高了“12330”知识产权维权援助与举报投诉热线的社会知名度。

2016年，洛阳市知识产权局做客洛阳电视台《行风热线》栏目，接受专题访谈，在线接受市民的热线咨询，为民众解读知识产权保护与运用的相关政策，节目在电台、电视台和公交媒体滚动播放。洛阳市知识产权局分别以“‘4·26’知识产权保护”和“助力我市小微企业创业创新”为主题，制作两期公益广告，投放在洛阳市2 000部电梯电视中，对机关群体和社会单位实施针对性宣传。

平顶山市

2016年，平顶山市知识产权远程教育考试通过288人次。

安阳市

一、知识产权宣传工作

2016年，安阳工学院举办安阳市知识产权宣传周启动仪式暨知识产权大讲堂活动。河南省专利技术（安阳）展示交易中心举办2016年安阳市知识产权宣传周开放日暨中国生产力众创空间知识产权论坛活动。

二、知识产权中小学普及教育工作

2016年，安阳市知识产权局开展河南省知识产权普及教育实验基地知识产权巡讲活动。截至2016年底，安阳市共有5所中小学成为河南省中小学知识产权普及教育实验基地。

三、知识产权宣传的社会效果及奖励情况

2016年11月30日，安阳市政府第六十一次常务会议决定，授予“槽帮锻造工艺”等10项专利第二届安阳市专利优秀奖，授予王志军等4人第二届安阳市专利优秀发明人奖。

鹤　壁　市

一、知识产权培训工作

2016 年，鹤壁市知识产权局深入 30 家企业单位开展知识产权培训，全年共举办各类知识产权培训 12 场，培训人数 1 000 余人；组织 205 人报名参加知识产权远程教育（河南省知识产权局预定目标 160 人），截至 2016 年 11 月 28 日，完成考试人数 192 人。

二、知识产权宣传工作

2016 年 4 月 26 日，鹤壁市知识产权局开展“4・26”知识产权宣传周活动；11 月 22~27 日，结合第十届中国专利周“加强知识产权运营，开拓知识产权强企之路”主题，联合开展了“知识产权下县城、进企业、进学校、进社区”系列活动；在淇县开展了知识产权应用培训班，全县近 40 家企业约 70 人参加了培训；调研河南省同力水泥有限公司、河南能源化工集团精细化工有限公司、河南科饶恩门窗系统有限公司等企业；开展知识产权进学校活动，为 300 多名学生和教师进行了专利基础知识讲座；在淇县以宣传展板展示、发放宣传材料等形式开展宣传活动，对专利的概念和种类、申请专利的重要性和途径、专利申请流程、专利权人的义务、专利侵权及其法律责任等内容做了详细介绍。活动现场对前来咨询的公众发放专利知识明白纸、专利保护文件汇编、专利宣传图册、专利宣传手提兜、专利宣传笔记本等材料 1 000 余份。

三、知识产权中小学普及教育工作

鹤壁市知识产权局联合鹤壁市教育局开展了河南省中小学知识产权普及教育实验基地的申报工作，经省考核评定小组考评，鹤壁市湘江中学和鹤壁市山城区第十一小学 2 所学校被确定为河南省第四批中小学知识产权普及教育实验基地。

新　乡　市

2016 年 8 月 18~19 日，新乡市举行了 2016 年度知识产权优势、示范企业授牌大会暨企业知识产权管理体系贯标实务培训会，来自县区科技部门知识产权主管领导，国家级、省级、市级知识产权优势企业、示范企业及市级知识产权优势培育企业的负责人和知识产权管理人员共计140余人参加活动。新乡市知识产权局为2016年度获评的9家新乡市知识产权优势企业和1家知识产权示范企业授牌。

2016年11月23~25日，由国家知识产权局专利管理司主办、新乡市知识产权局承办的国家知识产权示范城市专利行政执法能力提升专项培训班在新乡举办。国家知识产权示范城市专利执法工作负责人、新乡市县两级专利执法工作人员、知识产权维权援助分中心和工作站负责人共计90余人参加了培训。

焦 作 市

一、知识产权培训工作

（一）维权与专利信息利用培训班

2016年1月5日，焦作市知识产权局举办了焦作市知识产权维权与专利信息利用培训班。来自焦作市各县市区知识产权局相关负责同志、全市生物医药行业企业负责人及五城区重点骨干企业技术负责人等100余人参加了培训。

（二）专利执法维权实务培训班

2016年7月5日，焦作市举办了专利执法维权实务培训班。来自全市11个县市区知识产权工作负责人、拥有行政执法证人员等共计30余人参加了培训。

（三）知识产权执法维权援助实战培训研讨班

2016年9月2日，焦作市知识产权局联合中国（河南）知识产权维权援助中心焦作分中心举办知识产权执法维权援助实战培训研讨班。

（四）“知识产权进校园”活动

2016年，焦作市知识产权局与河南理工大学、焦作大学、焦作师范高等专科学校等大专院校结合，开展“知识产权进校园”活动。5月19日，焦作市知识产权局在焦作大学开展知识产权宣传活动，200余名师生参加了活动。10月21日，河南省知识产权巡讲活动在河南理工大学举行。

二、知识产权宣传工作

（一）2016 年知识产权宣传周

2016 年 4 月 26 日，焦作市知识产权局联合焦作市 7 个部门开展了知识产权保护集中宣传周活动。焦作市知识产权局、中国（河南）知识产权维权援助中心焦作分中心、焦作市中级人民法院、焦作市公安局、焦作市科学技术协会、焦作市工商行政管理局、焦作市文化广电新闻出版局、焦作市质量技术监督局等部门现场接受群众咨询，并发放宣传资料，宣传知识产权法规政策、科技政策、知识产权不同领域的专业知识等。在焦作科技网、焦作市科学技术协会、焦作市知识产权局等网站开设活动专题，版块内容涉及动态信息、市县活动、案例聚焦、发明人故事等。在《焦作日报》开设知识产权宣传周专栏，宣传普及知识产权相关知识，宣传焦作市各地区各部门在知识产权保护方面采取的行动和取得的突出成果等。在焦作电视台、焦作市科技馆电子屏幕等发布滚动字幕宣传。通过手机短信、户外公交站牌广告等宣传知识产权相关内容。

（二）2016 年第十届中国专利周

2016 年第十届中国专利周期间，焦作市知识产权局围绕“加强知识产权运营，开拓知识产权强企之路”的主题，结合焦作市建设国家知识产权试点城市工作实际，动员组织有效资源与企业开展高质量的知识产权对接服务；通过专利技术现场展示活动、知识产权质押融资工作座谈会等活动推进知识产权管理规范工作，深入企业调研；联合中国（河南）知识产权维权援助中心焦作分中心、焦作市工商行政管理局、焦作市版权局等部门开展知识产权联合执法检查活动，净化市场环境，保护消费者合法权益；指导焦作 6 个县市区开展相关执法检查活动；举办知识产权维权援助宣传活动，充分宣传知识产权维权援助热线“12330”公益服务功能，提高社会公众的知识产权保护意识。

（三）“3·15”国际消费者权益日

2016 年 3 月 15 日，焦作市知识产权局开展了“3·15”国际消费者权益日宣传活动，在现场设立投诉咨询台，摆放“12330”宣传展板 2 块，设立“12330”知识产权维权援助与举报投诉咨询台，工作人员对前来咨询的群众进行知识产权保护及维护自身合法权益等相关知识的讲解。

三、知识产权中小学普及教育工作

2016 年 3 月 2 日，焦作市知识产权局深入河南省第二批中小学知识产权普及教育实验基地——焦作市第十一中学开展知识产权普及教育活动，250 余名师生参加了活动。

四、知识产权远程教育工作

2016 年，焦作市知识产权局积极开展知识产权远程教育培训工作，将远程教育工作开展情况列入各县市区知识产权工作年度考核目标，督促参加专项行动的单位深入开展远程教育工作；在赴县市区调研、开展企业大走访活动等工作中，将远程教育工作列为重点工作内容之一。

五、知识产权宣传的社会效果及奖励情况

（一）社会效果

截至 2016 年底，焦作市各类专利的申请量 3 751 件，比 2015 年专利申请量增长 22.54%；授权量达 2 253 件，比 2015 年增长 11.92%。焦作市专利申请的数量和质量大幅提高。拥有国家级知识产权优势示范企业 5 家，省级知识产权优势（培育）企业 8 家。知识产权为焦作市中原经济区经济转型示范市建设提供了有力的支撑和保障。

截至 2016 年底，全市 2016 年度参加学习人员 625 人，选课 1 250 门。累计注册用户 900 余人，建立班级 40 余个，选课 6 000 余人次，取得结业证书近 3 000 人次。

（二）奖励情况

2016 年，中原内配集团股份有限公司的“多元合金化铸态贝氏体灰铸铁气缸套”专利产品与河南理工大学的“煤矿井下钻孔水力压裂增透抽采瓦斯工艺”专利技术获得了第十八届国家优秀专利奖。多氟多化工股份有限公司取得中规（北京）认证有限公司颁发的知识产权管理体系认证证书。

濮　阳　市

一、知识产权培训工作

2016 年，濮阳市知识产权局面向中小学生，强化知识产权普及培训，在5 所省实验基地学校举办了中小学知识产权普及教育濮阳巡讲活动，在市级试点学校开展了多期专题讲座。截至 2016 年底，濮阳市已评选认定中小学知识产权教育试点学校 27 所，示范学校 6 家，濮阳市昆吾小学科学和知识产权课教师岳素蕊包含专利知识的专著《12 小时学会做创客》出版；新增省级实验基地学校 4 所，濮阳市油田第六中学跻身第二批国家级中小学知识产权试点学校。

2016 年，濮阳市委党校将“知识产权驱动创新发展”专题列入秋季主题班课程，面向市、县各机关事业单位的科室长或部门负责人，共培训 10 个班次 800 人。

二、知识产权宣传工作

2016 年，濮阳市知识产权局组织刊发了《濮阳日报》《实施知识产权战略建设创新型濮阳》专栏 45 期近 9 万字；与濮阳电视台合作，播出专题节目 3 期；在市级以上媒体发表稿件 446 篇；2016 年 4 月开通了濮阳知识产权微信公众号，全年刊发 29 条 48 篇；与濮阳市人力资源和社会保障局、濮阳市科技局联合开展全市知识产权工作先进集体和先进工作者评选表彰活动；举办濮阳市 2016 年知识产权成就展，现场发放专利资助政策、举报投诉办法等有关宣传资料和“12330”宣传手提袋 2 000 余份，接受咨询 200 余人次；第十届专利周期间，开展了优秀专利技术展、网上专利技术（产品）展示、产业集聚区企业专利运营培训、知识产权宣讲等系列活动，现场展示专利技术（产品）300 余项，网上展示专利技术（产品）100 余项，培训 2 000 余人。

2016 年，濮阳市知识产权局编印《知识产权政策法规汇编》和《知识产权质押融资资料汇编》。

许　昌　市

一、知识产权宣传工作

2016年，许昌市知识产权局在禹州市举行了第十届专利周的启动仪式。在文化、科技、卫生“三下乡”活动中，许昌市知识产权局安排人员在宣传现场悬挂宣传条幅，设置了宣传展板，并发放各种宣传资料近500份。全市共在河南省知识产权局门户网站刊登稿件55篇，在《河南科技》刊登稿件8篇，共计63篇。全市共征订报纸243份。

二、知识产权中小学普及教育工作

2016年，许昌市知识产权局在全市开展了中小学知识产权普及教育工作。襄城县第三高级中学、鄢陵县实验小学、许昌市建设路小学、长葛市第一小学等4所学校，被河南省知识产权局和河南省教育厅认定为河南省中小学知识产权普及教育实验基地。

漯　河　市

一、知识产权培训工作

2016年4月22日，漯河市知识产权局在漯河食品职业学院举办知识产权培训班。来自郾城区的科技工作人员和该校师生代表共计300余人参加了这次培训。5月25日，漯河市知识产权志愿者队伍成立仪式于漯河市职业技术学院举办。

二、知识产权宣传工作

2016年，漯河市知识产权局编印了《知识产权法律法规选编》《手把手教您辨别假冒专利》等书籍材料，介绍知识产权保护相关知识，增强全市企业知识产权保护意识。

2016 年，漯河市知识产权局组织全市知识产权系统在“4·26”知识产权宣传周期间开展集中宣传活动，宣传周期间，深入全市各产集聚区组织开展入企帮扶活动，向企业赠送了《专利基础知识》《漯河市知识产权战略实施意见》等读本。

三、知识产权中小学普及教育工作

2016 年，漯河市源汇区实验小学、漯河市召陵区老窝镇果园小学、漯河市郾城区实验高级中学、临颍县实验中学等 4 所学校被成功认定为河南省第四批中小学知识产权普及教育实验基地。

四、知识产权远程教育工作

2016 年，漯河市知识产权局依托河南省知识产权教育实验基地——漯河食品职业学院、漯河市食品产业知识产权创新联盟和各个县区知识产权部门，开展知识产权远程教育工作。全年共组织 668 人注册学员在线学习，通过考试达 520 人次，共开展知识产权教育培训活动 12 次。

南　阳　市

一、知识产权培训工作

2016 年 7~9 月，南阳市知识产权局深入社旗、方城、内乡、淅川等县产业集聚区调研，并对集聚区内 100 多家企业开展了专利相关知识培训。

2016 年 11 月 2 日，南阳市知识产权局和人保财险南阳市分公司举办了第一期专利保险业务培训班。南阳市各县（区）科技局（知识产权办）管理人员，知识产权优势企业、科技型中小企业相关负责人，知识产权服务机构负责人，市人保财险工作人员及各县（区）人保财险公司负责人 80 余人参加了培训。

二、知识产权宣传工作

2016 年 4 月 20~26 日，南阳市保护知识产权工作组组织知识产权相关部门和部分企事业单位在全市开展知识产权宣传周活动。西峡电视台在黄金时段滚动播出知识产权周活动宣传标语和播放知识产权宣传视频。唐河县科技局与县教育体育局联手组织全县专利知识竞赛活动。社旗县在全县组织开展了知识产权宣传周活动，活动期间制作宣传条幅10幅，制作宣传展板2块，深入产业聚集区企业及乡镇企业发放宣传册800本，宣传彩页5 000张。方城县组织县教育体育局、县妇联、团县委、产业集聚区管委会和十多个企业开展知识产权宣传一条街活动。新野县科技局邀请专利代理机构组成知识产权服务队，到相关企业，通过举办专题讲座、召开座谈会、发放知识产权宣传资料、解答咨询等形式开展知识产权的宣传活动。镇平县在县城府前街设立宣传点，悬挂宣传条幅，向过往行人和群众发放知识产权宣传材料1 000余份，接受群众答疑咨询100余人次。

2016年4月28日，南阳市知识产权局执法人员和“12330”维权援助中心工作人员，入驻第十三届玉雕节暨国际玉文化博览会现场，指导和办理专利维权工作，现场发放《知识产权知识问答》《河南省专利保护条例》500余份，“12330”宣传彩页800多张。

2016年，南阳市知识产权局订阅《中国知识产权报》243份，上报河南省知识产权局动态30篇，上报国家知识产权局动态1篇，开展中小学知识产权普及教育活动3次，远程教育培训135人，完成年定目标任务。

商　丘　市

2016年，商丘市知识产权局开展了“3·15”知识产权宣传活动、“4·26”知识产权宣传周宣传活动、科技活动周宣传活动、“12·4”法制宣传日宣传活动等。商丘市知识产权局参加《京九晚报》政风行风热线节目，并在《京九晚报》设立知识产权专版。全年共举办知识产权培训班4期，培训人员近800人。

周　口　市

一、知识产权培训工作

2016年，周口市知识产权局组织开展了企业知识产权质押融资培训班、知识产权实务培训班、产业集聚区知识产权巡讲等共6期专业培训班，参训人员达

800 余人。

二、知识产权宣传工作

2016 年，周口市知识产权局开展知识产权宣传“进学校、进企业、进园区”等宣讲活动，编印并发放了《专利基础知识 30 问》《企业知识产权手册》《专利质押政策汇编和操作指南》等宣传资料 8 000 余份，发放宣传环保袋 3 500 个。

三、知识产权远程教育工作

2016 年，周口市知识产权局组织 60 人学习知识产权法律基础、反不正当竞争法等专业课程，全年共有 116 人次参加了远程教育并通过了培训考试。

驻马店市

2016 年，驻马店市知识产权局到驻马店市实验中学、驻马店市第四中学开展了知识产权宣传进校园活动。活动共展出展板 5 块，发放《专利实用知识问答》宣传册 2 000 多份、宣传购物袋 1 000 多个。

济源市

一、知识产权培训工作

2016 年 5 月 20 日，济源市知识产权局组织人员为全省第三批知识产权实验基地——济源一中 500 名师生授课。

6 月 16~17 日，河南省知识产权讲师团讲师到济源职业技术学院和豫光金铅股份有限公司举办知识产权专题讲座。

全年注册知识产权远程教育学员学员 65 人，选课 150 人次，110 人次通过网上平台学习考试。

二、知识产权宣传工作

2016 年 4 月 25 日，济源市知识产权局开展世界知识产权日主题宣传咨询活动，通过悬挂宣传横幅，设立咨询台现场答疑，发放宣传资料、手提袋，摆放宣传展板等方式，普及知识产权基础知识，提高市民知识产权意识。

5 月 16 日，济源市知识产权局举办科技活动周启动仪式，发放宣传材料 1 500余份，接受群众咨询 80 余次。

5~7 月，济源市知识产权局与济源交通广播电台合作，在整点报时时段播放为期两个月的“12330”宣传语。

三、知识产权宣传的社会效果及奖励情况

2016 年，济源市知识产权局发放专利资助资金 28.3 万元，发放鼓励实施知识产权战略奖励 110 万元。其中获得中国发明专利授权的共 40 项，奖励 40 万元；企业年专利申请量超 20 件不满 50 件，且发明专利申请不少于 20%的企业 10 家，获得奖励 50 万元；企业年专利申请量 50 件以上且发明专利申请不少于 20%的企业 2 家，获得奖励 20 万元。

滑　　县

一、知识产权培训工作

2016 年 9 月 14 日，滑县知识产权局邀请河南省知识产权局专家，对全县分管科技的副乡镇长和县规模以上企业负责人 87 人开展了知识产权保护和专利申请专项培训。

二、知识产权宣传工作

2016 年，滑县知识产权局利用新闻媒体、世界知识产权日、道口古会、农村大集等多种形式先后开展宣传，共发放宣传资料 5 000 余份，接受群众咨询 100 余次。

5 月 25 日，河南省中小学知识产权普及教育巡讲活动在滑县一中举行，学校 300 余名师生参加了专题巡讲会。

7 月，滑县知识产权局组织专利事务所等机构为产业集聚区 20 家工业企业提供上门指导和服务，宣传有关知识产权政策法规，指导企业申请专利。

三、知识产权远程教育工作

2016 年，滑县知识产权局组织全县分管科技的副乡镇长、企业专利工作者 30 人参加知识产权远程教育培训班，学习了反不正当竞争法、知识产权法律基础等专业课程。

兰　考　县

2016 年，兰考县知识产权办公室印发《兰考企业知识产权保护》宣传手册，并向广大群众介绍有关知识产权保护、专利申请、专利法等相关知识，共发放知识产权宣传资料 7 200 余份。

汝　州　市

一、知识产权培训工作

2016 年，汝州市注册中国河南知识产权远程教育学员 16 人，学员全部通过选定科目结业考试。

9 月 1 日，由河南省知识产权局举办的河南省 2016 年知识产权巡讲活动在汝州举行。来自汝州 20 个乡镇街道分管副职、科技专干，相关委局分管副职、科技专干，100 家企业负责人参加了此次巡讲活动。

二、知识产权宣传工作

2016 年 4 月 22 日，汝州市知识产权办公室开展知识产权宣传活动，悬挂横幅 8 条，摆放宣传展板 10 块，设立咨询台 1 个，免费发放《知识产权百题问答》1 000 册和知识产权举报投诉服务卡 600 张，受益群众达 2 000 余人。

永　城　市

一、知识产权培训工作

2016 年，永城市知识产权局组织开展年度知识产权远程教育工作，建立知识产权远程教育班级 1 个——永城市综合班，班级注册学员 50 名。

9 月 21 日，河南省直管县知识产权巡讲培训班在永城市开班。永城市 90 余家规模以上工业企业知识产权部门主管参加了培训。

二、知识产权宣传工作

2016 年 4 月 26 日，永城市知识产权局举办知识产权集中宣传活动，悬挂标语 2 幅，设立现场咨询台 1 个，发放宣传彩页 2 000 余份，发放印有知识产权宣传标语的环保袋 500 个，向公众宣传了专利法、商标法以及申请专利的程序及应提交的文件等与知识产权相关的知识。

5 月 22~25 日，第八届中国（永城）面粉食品博览会在永城市召开。展会活动期间，永城市知识产权局共发放宣传彩页 5 000 余份，接受现场咨询 1 000 余人次，向参会企业工作人员普及了专利申请、专利的用途、专利基础法律法规、专利维权等知识。

三、知识产权中小学普及教育工作

2016 年，永城市知识产权局积极指导并推荐永城市实验中学申报河南省第四批中小学知识产权普及教育实验基地。

长　垣　县

2016 年，长垣县举行了知识产权宣传周活动及集中销毁侵权盗版和非法出版物活动启动仪式，对收缴的盗版音像制品 8 000 多张、书报刊物 2 400 多册、电子出版物 20 盒进行了集中销毁，200 多人参加了销毁活动。

大事记

河南省知识产权大事记

1 月

2016 年 1 月 7 日，全国知识产权局局长会议在北京召开，会议传达了国务委员王勇对知识产权工作的重要批示和《国务院关于新形势下加快知识产权强国建设的若干意见》（国发〔2015〕71 号）。河南省知识产权局 1 月 11 日召开了全体干部职工会议，传达学习全国局长会会议精神。

1 月 16 日，河南省知识产权局组织召开 2016 年工作目标调度会，知识产权局领导班子、各处室负责人参加了会议，全面总结 2015 年的工作情况，研究确定 2016 年度目标任务和重点工作。

1 月 28 日，河南省知识产权局刘怀章局长、吴灯展副局长带领相关处室负责人前往信阳市淮滨县新里镇王角村和马集镇郭集村扶贫点，对困难群众进行春节走访慰问，并专门召开了帮扶工作座谈会。

2 月

2016 年 2 月 4 日，河南省知识产权局召开年终干部总结大会。韩平副局长就春节假期安全和值班等工作进行安排部署，吴灯展副局长总结了 2015 年全省知识产权工作开展情况，全局干部参加会议，刘怀章局长主持会议并做重要讲话。

2 月 26 日，国家专利导航产业发展实验区建设座谈会在郑州召开，会议研讨了专利导航产业发展实验区 2016 年重点工作计划制定及任务落实情况，专利导航实验区工作体制机制建设、完善政策体系、“三合一”知识产权管理体制试点、产业联盟、专利运营基金等工作。

3 月

2016 年 3 月 2 日，河南省知识产权局局长会议在信阳召开。河南省知识产权局各处室干部、河南省知识产权事务中心负责同志，各省辖市、省直管县（市）

知识产权部门负责人等60余人参加了会议，韩平副局长主持会议，吴灯展副局长传达了2016年全国知识产权局局长会和全省科技创新大会会议精神，刘怀章局长做了题为《抓住机遇，凝聚共识，全力推进知识产权强省建设进程》的工作报告，对做好2016年各项工作，实现知识产权强省建设良好开端提出具体要求。

3月1~4日，河南省知识产权局系统领导干部加强党性教育培训班在河南新县大别山干部学院举行。河南省知识产权局机关全体干部、各省辖市和省直管县（市）知识产权局局长，以及《河南科技》杂志社、省知识产权事务中心和省知识产权保护协会相关负责人共计60余人参加培训。

4月

2016年4月15日，中共河南省委组织部正式下文，批复成立中共河南省知识产权局委员会。

4月20日，为期一周的知识产权宣传周活动在郑州大学法学院启动，活动以“加强知识产权保护运用，加快知识产权强省建设”为主题，突出“创新、协调、绿色、开放、共享”的发展理念，河南省知识产权局机关全体干部、河南省知识产权事务中心负责同志，以及机关、企业、高校、知识产权中介服务机构等有关人员和郑州大学学生等300余人参加了开幕式，河南省知识产权维权援助中心、知识产权中介服务机构在开幕式现场设立了宣传和咨询台，接受社会公众咨询。

5月

2016年5月8~13日，河南省知识产权局局长刘怀章、副局长韩平会同省公务员局副巡视员田刚一行赴山东、甘肃、广东等地调研专利奖设立、知识产权专家库建设、公务员考核和评比达标表彰等工作。

5月25日，河南省知识产权局召开知识产权评议工作座谈会，局长刘怀章、副局长韩平出席会议，来自北京、江苏、深圳、河南的知识产权服务机构和省内的部分企业等20余家单位代表参会，就知识产权评议工作开展的情况、存在的问题展开座谈。

6 月

2016 年 6 月 1~3 日，由中共河南省委组织部、中国知识产权培训中心、河南省知识产权局联合举办的 2016 年河南省县处级领导干部知识产权战略研究班在北京开班。来自河南省各省辖市、省直管县（市）主管知识产权工作的县处级领导及省直有关部门相关处室的处级负责人约 80 人参加了研究班。研究班开设了国际国内知识产权形势、知识产权发展状况和经典案例等课程。

6 月 14 日，河南省知识产权局和河南省教育厅联合印发了《河南省中小学知识产权普及教育示范基地管理办法》。

7 月

2016 年 7 月 7 日，全省知识产权局局长座谈会在郑州召开。河南省知识产权局局长刘怀章、副局长韩平、吴灯展出席座谈会，省知识产权局各处室负责人，全省各省辖市、省直管县（市）知识产权局、省知识产权事务中心、郑州专利导航发展实验区负责人共计 70 余人参加座谈。

7 月 20 日，河南省政府常务会议审议并通过《河南省知识产权强省建设试点省实施方案》，实施方案分总体思路、试点任务、实施步骤、保障措施四个部分，从八大任务 26 条举措全面部署了知识产权强省试点省建设。

8 月

2016 年 8 月 2 日，河南省人民政府办公厅印发文件，建立河南省知识产权战略实施工作联席会议制度。河南省知识产权战略实施工作联席会议是在河南省人民政府的领导下，统筹协调全省知识产权战略实施和知识产权强省工作。联席会议由省知识产权局、省委宣传部、省法院、检察院、发展改革委、教育厅、科技厅、工业和信息化委、公安厅、司法厅、财政厅、人力资源社会保障厅、环保厅、农业厅、林业厅、商务厅、文化厅、卫生计生委、人行郑州中心支行、省人民政府外侨办、国资委、郑州海关、省工商局、质监局、新闻出版广电局（版权局）、统计局、省人民政府法制办、省食品药品监督局、国防科工局、省人民政府发展研究中心、省科学院、农科院、社科院、贸促会等共 34 个部门和单位组成，省知识产权局为牵头单位，省政府分管知识产权工作的领导同志担任联席会议召集人。

8 月 12~13 日，河南省科技厅党组成员、河南省知识产权局局长刘怀章带队前往周口市郸城县，看望慰问挂职扶贫干部并调研有关企业。周口市副市长张广东，郸城县委书记罗文阁、县长李全林，以及省科技厅扶贫驻村干部与刘怀章局长一行就扶贫工作进行了深入交流。

8 月 25~28 日，河南省知识产权局刘怀章局长带队前往新疆哈密地区开展援疆工作，并到相关企业实地调研，8 月 25 日，河南省知识产权局与哈密地区行政公署举行座谈会，双方签署了对口协作协议。8 月 26 日，河南省知识产权局与哈密地区知识产权局举办的哈密地区企业知识产权培训班正式开班。

9 月

2016 年 9 月 5 日，国家知识产权局批复同意河南省为支撑型知识产权强省试点省，根据国家知识产权局强省建设工作部署，我省将自批复之日起到 2018 年 12 月列为知识产权强省试点省重点建设阶段，2019 年 1 月至 2020 年 12 月为巩固提高阶段，将推动我省知识产权强省试点省建设达到全国领先水平。

9 月 13~14 日，2016 年全国地方知识产权战略实施工作会在郑州召开。国家知识产权局副局长廖涛、河南省人民政府副秘书长黄布毅出席会议并致辞，河南省知识产权局局长刘怀章做大会主题发言。来自全国各省、自治区、直辖市、新疆生产建设兵团及知识产权区布局试点城市代表 120 余人参加会议，会议代表分别就知识产权区域布局、地方战略实施分类指导、《国务院关于新形势下加快知识产权强国建设的若干意见》（国发〔2015〕71 号）贯彻落实、行业知识产权战略、专业市场知识产权保护工作等主题进行了交流。

9 月 13 日，2016 年“知识产权走基层，服务经济万里行”大型公益活动在河南省郑州市举行，国家知识产权局副局长廖涛、河南省人民政府副秘书长黄布毅、河南省知识产权局局长刘怀章、郑州市委常委王跃华等出席启动仪式，国家知识产权局专利局专利审查协作河南中心主任刘志会出席并主持。

10 月

2016 年 10 月 9 日，河南省知识产权局召开全局干部大会，全体干部及部分职工代表参加了会议。韩平副局长、吴灯展副局长分别通报了分管处室目标任务完成情况及第四季度打算，刘怀章局长肯定了前三季度所取得的成绩，对下一阶段的工作做出部署。

10 月 25 日，《河南省建设支撑型知识产权强省试点省实施方案》正式由河南省人民政府印发实施，实施方案分总体思路、试点、任务、实施步骤、保障措施四个部分，从八大任务 26 条举措全面部署了知识产权强省试点省建设。

10 月 31 日，河南省知识产权局组织全局党员召开专题会议学习十八届六中全会公报，局长刘怀章主持会议并提出要求，会前全体党员集中观看了河南省第十次党代会的直播。

11 月

2016 年 11 月 21 日，第十届中国专利奖河南地区活动启动，本届专利周主题为“加强知识产权运营，开拓知识产权强企之路”，开展了专利项目及创意产品展示交易、专利布局与专利运营专题培训、创意产业知识产权快速维权中心专项讲座等一系列活动。

11 月 16 日，河南省知识产权研究会 2016 年年会暨“首届知识产权中原论坛”在郑州召开，论坛由河南省知识产权局、河南省知识产权研究会联合主办，中原工学院与中原大地传媒股份有限公司共同承办，来自高校、企业和知识产权服务机构的多名研究会成员参加了会议。

12 月

2016 年 12 月 16 日，河南省副省长徐济超一行前往郑东新区审协河南中心业务用房现场调研项目建设情况，督导项目建设进度，徐济超副省长分别查看了审协河南中心业务用房 A 座、D 座建设情况，并详细询问了业务用房市政配套、手续办理等情况，对中心建设给予充分肯定。

12 月 17 日，全国评比达标表彰工作协调小组正式批准同意设立河南省专利奖，河南省专利奖每两年评审一次。

12 月 29 日，国家知识产权局申长雨局长一行来豫调研审协河南中心，河南省人民政府徐济超副省长和国家知识产权局何志敏副局长、专利局徐聪副局长、人事司王岚涛司长、专利局办公室毕囡主任、审协河南中心刘志会主任、河南省知识产权局刘怀章局长等有关部门主要负责人陪同调研。申长雨局长一行视察了审协河南中心龙子湖建设工作，听取了工作进展、建设进度与配套设施等情况汇报，出席了国家知识产权局首次在郑州召开的 6 个京外审协中心运营和管理现场会。

省辖市、省直管县（市）知识产权大事记

开　封　市

2016年，开封市茂盛机械有限公司通过中规（北京）认证有限公司知识产权管理体系认证，成为开封市第一家符合《企业知识产权管理规范》（GB/T 29490—2013）的企业。

2016年，开封市知识产权局对在2015年内申请专利的企业和个人发放专利申请资助资金，共计对279件专利给予资助，资助资金79 000元，资助专利数量较2015年增加了12.1%。

焦　作　市

2016年3月15日，焦作市知识产权局举行“3·15”国际消费者权益日宣传活动，现场发放《“12330”宣传手册》《展会知识产权保护条例》等资料。

4月20~24日，焦作市知识产权局开展知识产权巡讲活动。

4月20~26日，焦作市知识产权局举行知识产权宣传周活动。

2016年，焦作市知识产权局借助第十六个世界知识产权宣传日，成立焦作市知识产权维权援助志愿者工作站。焦作市知识产权维权援助分中心联合焦作市知识产权局面对社会招募300名志愿者。截至2016年年底，来自河南理工大学的60名大学生成为焦作市首批知识产权维权援助志愿者。

5月19日，焦作市知识产权局在焦作大学开展知识产权宣传活动，200余名师生参加了报告会。

10月21日，河南省知识产权巡讲活动在河南理工大学举行。

11月21~27日，焦作市知识产权局举办第十届中国专利周活动。

2016年，焦作市知识产权局设立孟州市产业集聚区知识产权维权援助工作站以及焦作经济技术产业集聚区知识产权维权援助工作站，帮助群众解答知识产权方面的问题。

濮　阳　市

2016 年 3 月 25 日，濮阳市知识产权局与中国邮政储蓄银行濮阳分行知识产权质押融资战略合作协议签约，签署了 3 亿元的专利权质押贷款规模合作协议。

4 月 20 日，河南省“科技型中小微企业专利信息服务地市行”首站活动在濮阳市举办。濮阳市知识产权局与河南省知识产权事务中心联合邀请中国知识产权出版社、中国专利信息中心、大为计算机软件开发有限公司等单位的专家，就企业专利信息运用及操作实务专题进行培训。各县区知识产权管理部门及市级知识产权优势企业代表 60 余人参加培训。

4 月 20~26 日，濮阳市知识产权局围绕“加强知识产权保护运用，建设国家知识产权试点城市”主题，在全市范围内开展了系列宣传活动。

5 月 25 日~6 月 25 日，濮阳市知识产权局集中 1 个月时间，对参加全市产业集聚区知识产权专项行动规模以上企业中“零发明专利”企业集中发放专利资助券。

5 月 19 日，濮阳市人力资源和社会保障局、市科技局和市知识产权局联合发文，对河南巨烽生物能源开发有限公司等 30 个单位和王飞等 61 名同志进行表彰，表彰范围涉及企业、县（区）科技（知识产权）局、市知识产权战略工作领导小组成员单位的职能科室及其直属机构，以及金融机构、市中小学知识产权试点（示范）学校、高新技术创业服务中心、高校、专利中介机构等层面。

6 月 22 日，国家知识产权局 2015 年度国家知识产权试点示范城市工作考核结果公布，濮阳市获考核优秀等次。

7 月 15 日，濮阳市知识产权局召开发明专利创造及维持专题座谈会。

9 月 6 日，第三届中原（濮阳）油气技术装备展览会暨全球能源科技创新高峰论坛在濮东产业集聚区隆重开幕。濮阳市知识产权局组织濮阳市知识产权维权援助中心、知识产权维权援助华龙区分中心进驻展会，现场设立“12330”举报投诉咨询台，为参展企业提供知识产权服务。河南省知识产权维权援助中心工作人员与会进行现场指导。

11 月 8 日，河南省知识产权局对第一批专利导航产业发展实验区进行公示，濮东产业集聚区成为河南省首批 7 个专利导航产业发展实验区之一。

11 月 17 日，濮阳市召开市政府第三十五次常务会议，会议研究通过了《关于加快实施知识产权战略促进专利技术产业化的若干措施》（濮政〔2016〕79号），标志着濮阳市国家知识产权试点城市建设有了突破性进展。

11月21日，国家知识产权局办公室、教育部办公厅联合下发《关于确定第二批全国中小学知识产权教育试点学校的通知》（国知办发办字〔2016〕41号），该批全国共有30所中小学校入选，濮阳市油田第六中学作为河南省唯一一所中小学榜上有名，也是濮阳市首家全国中小学知识产权教育试点校，全省共有2所。

12月1日，国家知识产权优势企业入选名单公示，河南巨烽生物能源开发有限公司、濮阳迈奇化学股份有限公司位列其中，该批河南省共有8家企业。截至2016年底，濮阳市已拥有国家知识产权优势企业6家，省、市级知识产权优势及培育企业39家。

许　昌　市

2016年，许昌市成立国家知识产权局专利审查协作河南中心社会服务工作站，在河南黄河旋风股份有限公司和许昌远东传动轴股份有限公司成立了国家知识产权局专利审查协作河南中心审查员流动工作站，全年市本级财政直接划拨给社会服务工作站20万元，流动工作站20万元。

周　口　市

2016年，周口市知识产权局对项城市部分药店进行联合执法检查。11月3日，周口市知识产权局联合项城市食品药品监督管理局、知识产权办公室执法人员工作对项城市部分药店进行了联合执法检查，共抽查商品800余种，并现场对32项专利产品信息进行了登记。

济　源　市

2016年10月25~28日，济源市知识产权局在北京举办了济源市知识产权战略培训班，解读和普及国家知识产权战略和强国建设政策。济源市政府的有关领导以及济源市直各部门、各乡镇办及部分企业代表共60余人参加了培训。

附录

河南省知识产权地方性法规

序号	法规名称	首次颁布时间	修订次数及具体时间	末次颁布主体及公告号
1	《河南省专利保护条例》	2000 年 11 月 25 日	2005 年 12 月修订 1 次	河南省人民代表大会常务委员会公告第 59 号
2	《洛阳市专利促进与保护条例》	2003 年 11 月 28 日	2012 年 11 月修订 1 次	河南省人民代表大会常务委员会（公告号 2012 年第 7 号）
3	《郑州专利促进和保护条例》	2009 年 10 月 1 日	无	2009 年 6 月 25 日郑州市第十三届人民代表大会常务委员会第三次会议通过，2C09 年 7 月 31 日河南省第十一届人民代表大会常务委员会第十次会议批准，自 2009 年 10 月 1 日起施行

河南省知识产权政策地方政府规章

序号	法规名称	首次颁布时间	修订次数及具体时间	末次颁布主体及公告号
1	《河南省人民政府关于印发河南省建设支撑型知识产权强省试点省实施方案的通知》	2016 年 10 月 1 日	无	河南省人民政府（豫政〔2016〕66 号）
2	《中共许昌市委许昌市人民政府关于增强自主创新能力建设创新型许昌的决定》	2006 年	无	许昌市委市政府（许发〔2016〕7 号）
3	《驻马店人民政府关于贯彻落实省人民政府加快实施知识产权战略的意见》	2014 年 8 月 1 日	无	驻马店市人民政府（驻政〔2014〕70 号）
4	《安阳市科学技术奖励办法》	2005 年 6 月	2008 年 6 月和 2010 年 1 月修订 2 次	安阳市人民政府第 19 号令
5	《南阳市知识产权战略实施意见》	2010 年	无	南阳市人民政府（宛政〔2010〕54 号）
6	《南阳市专利奖励办法》	2011 年	无	南阳市人民政府（宛政〔2011〕80 号）
7	《平顶山市人民政府关于加强知识产权工作的意见》	2007 年 2 月 2 日	无	平顶山市人民政府（平政〔2007〕10 号）
8	《平顶山市人民政府关于贯彻落实<河南省知识产权战略纲要>的实施意见》	2010 年 9 月 13 日	无	平顶山市人民政府（平政〔2010〕62 号）
9	《洛阳市知识产权维权援助管理办法》	2010 年 5 月 21 日	无	洛阳市人民政府（洛政〔2010〕47 号）

河南省知识产权战略规划颁布情况

序号	地区	战略规划名称及文号	发文主体	实施规格
1	河南省	《河南省知识产权战略纲要》(豫政〔2008〕59号)	河南省人民政府	政府领导
2		《河南省人民政府关于加快实施知识产权战略的意见》(豫政〔2013〕60号)	河南省人民政府	政府领导
3		《河南省知识产权事业发展“十三五”规划》(豫政〔2017〕6号)	河南省知识产权局	知识产权局领导
4	濮阳市	《濮阳市知识产权战略纲要》(濮政〔2010〕74号)	濮阳市人民政府	政府领导
5		《中共濮阳市委濮阳市人民政府关于加快自主创新体系建设促进创新驱动发展的意见》(濮发〔2013〕7号)	濮阳市委、市政府	政府领导
6		《中共濮阳市委濮阳市人民政府关于加快深化科技体制改革推进创新驱动发展若干实施意见》(濮发〔2016〕3号)	濮阳市委、市政府	政府领导
7		《濮阳市人民政府关于印发濮阳市加快实施知识产权战略促进专利技术产业化的若干措施的通知》(濮政〔2016〕79号)	濮阳市人民政府	政府领导
8	新乡市	《新乡市人民政府关于实施知识产权战略的意见》(新政〔2009〕25号)	新乡市人民政府	政府领导
9		《中共新乡市委新乡市人民政府关于实施创新驱动发展战略进一步提升科技迎新能力的实施意见》(新发〔2013〕7号)	新乡市委、市政府	政府领导
10		《中共新乡市委新乡市人民政府关于加快建设具有区域影响力的科技创新中心的意见》(新发〔2015〕14号)	新乡市委、市政府	政府领导
11		《中共新乡市委新乡市人民政府关于印发<郑洛新国家自主创新示范区新乡片区建设实施方案>的通知》(新发〔2016〕26号)	新乡市委、市政府	政府领导
12		《中共新乡市委新乡市人民政府关于加快推进新乡国家自主创新示范区建设的若干意见》(新发〔2016〕32号)	新乡市委、市政府	政府领导
13	商丘市	《商丘市人民政府关于贯彻落实河南省知识产权战略纲要的实施意见》(商政〔2009〕75号文件)	商丘市人民政府	政府领导

续表

序号	地区	战略规划名称及文号	发文主体	实施规格
14	漯河市	漯河市知识产权战略实施意见（漯政办〔2010〕128 号）	漯河市人民政府办公室	政府办公室领导
15	开封市	《开封市人民政府关于贯彻河南省知识产权战略纲要的实施意见》（汴政〔2013〕92 号）	开封市人民政府	政府领导
16	周口市	《周口市知识产权战略发展推进意见》（周知〔2011〕9 号）	周口市知识产权局	知识产权局领导
17	许昌市	《许昌市知识产权战略纲要》（许政〔2010〕52 号）	许昌市人民政府	政府领导
18	驻马店市	《驻马店市人民政府关于贯彻落实省政府加快实施知识产权战略的意见》（驻政〔2014〕70 号）	驻马店市人民政府	政府领导
19	安阳市	《安阳市人民政府关于加快实施知识产权战略的意见》（安政〔2014〕13 号）	安阳市人民政府	政府领导
20		《安阳市人民政府关于印发安阳市知识产权战略纲要（2009—2020）的通知》（安政〔2009〕32 号）	安阳市人民政府	政府领导
21		《安阳市人民政府关于印发安阳市高标准建设国家知识产权示范城市工作方案的通知》（安政〔2015〕85 号）	安阳市人民政府	政府领导
22	鹤壁市	《关于印发鹤壁市知识产权战略 2016 年推进计划的通知》（鹤知战办〔2016〕1 号文）	鹤壁市知识产权局	知识产权局领导
23		《鹤壁市人民政府关于印发鹤壁市知识产权战略实施意见的通知》（鹤政〔2010〕23 号文）	鹤壁市人民政府	政府领导
24	洛阳市	《洛阳市知识产权战略实施意见》（洛发〔2010〕4 号）	洛阳市委、市政府	政府领导
25	南阳市	《南阳市知识产权战略实施意见》（宛政〔2010〕54 号文件）	南阳市人民政府	政府领导
26	郑州市	《郑州市人民政府关于印发郑州市知识产权战略纲要的通知》（郑政文〔2009〕217 号）	郑州市人民政府	政府领导

续表

序号	地区	战略规划名称及文号	发文主体	实施规格
27	平顶山市	《平顶山市人民政府关于贯彻落实<河南省知识产权战略纲要>的实施意见》（平政〔2010〕62号）	平顶山市人民政府	政府领导
28	邓州市	《关于印发邓州市专利申请资助办法的通知》（邓政〔2011〕48号）	邓州市人民政府	政府领导
29		《关于印发邓州市支持大众创业万众创新扶持政策的通知》（邓政〔2016〕39号）	邓州市人民政府	政府领导
30	长垣县	《长垣县人民政府关于印发长垣县工业经济转型升级激励政策的通知》（长政〔2015〕10号）	长垣县人民政府	政府领导

2016 年河南省获第十八届中国专利优秀奖项目名单

序号	专利类型	专利号	专利名称	专利权人	发明人
1	发明专利	ZL200610017870.5	高效立式复合破碎机	洛阳大华重型机械有限公司	沈俊萍，田怀芬，李恒栓
2	发明专利	ZL200710055115.0	多元合金化铸态贝氏体灰铸铁气缸套	中原内配集团股份有限公司	秦小才，缪青，殷建祥，刘治军，王小军
3	发明专利	ZL200810230940.4	煤矿井下钻孔水力压裂增透抽采瓦斯工艺	河南理工大学	苏现波，刘晓，倪小明，郭红玉，林晓英，宋金星
4	发明专利	ZL200910169851.8	一种采用二次吸附有机废气回收方法	江苏天保环保科技有限公司，洛阳天宝环保科技有限公司	孙宗长，胡建林，袁亦扬，孙绍文
5	发明专利	ZL201010568001.8	平板玻璃钢化的冷淬工艺	洛阳北方玻璃技术股份有限公司，上海北玻玻璃技术工业有限公司，上海北玻镀膜技术工业有限公司	韩俊峰
6	发明专利	ZL201110429676.9	一种 1 100 kV 特高压串补旁路开关	平高集团有限公司，河南平高电气股份有限公司	仝永刚，赵文强，杨珂，柏长宇，钟建英，赵晓民，韩峰，李海文，顾根全，邹高鹏，王鹏超，马志华，谷雨，张海静，刘宇
7	发明专利	ZL201210060765.5	单层分散型苯选择加氢制环己烯催化剂及其制备方法	郑州大学，中国天辰工程有限公司，山东海力化工股份有限公司，郑州天长化工技术有限公司，天津振博科技有限公司	刘仲毅，刘寿长，孙海杰，袁学民，杨克俭，郑仁，王美娇，李晓霞，陈志浩，董英英，王红霞，潘雅洁，李帅辉

续表

序号	专利类型	专利号	专利名称	专利权人	发明人
8	发明专利	ZL201210267417.5	海底隧道断层破碎带上堵下排的施工方法	中铁隧道集团有限公司	卓越，王明胜，王全胜，罗嵩
9	发明专利	ZL201210348765.5	一种 800 kV 智能断路器	河南平高电气股份有限公司，平高集团有限公司，国家电网公司	钟建英，尹军华，彭在兴，寇新民，张军民，张一茗，张在平，陈志勇，刘俊杰，李健，李环，卫慧娟，谢晓燕，魏明，晁永杰，宋敬国
10	发明专利	ZL201410288990.3	基于用户行为特点的用电模式分类和控制方法	国家电网公司，国网河南省电力公司电力科学研究院，国网河南省电力公司，中国电力科学研究院	宋宁希，刘浩，李强，孙芊，王倩，付涵，屈博，黄伟
11	实用新型	ZL200920091619.2	铁路简支梁桥用球型支座	洛阳双瑞特种装备有限公司，中铁第四勘察设计院集团有限公司	冯刚宪，金福海，李恒跃，何平根，顾海龙，王勇
12	实用新型	ZL201220060360.7	一种压缩机固定连接板	河南新飞制冷器具有限公司	崔锁云，杨杰，樊艳会，叶娟，李梅
13	外观设计	ZL201530239601.3	叠翼冰箱（竖）	河南新飞电器有限公司	张路，冯树广，王雪梦

2016 年河南省各地市专利分类申请排名表

地市	名目	申请总量	专利分类			专利权属		专利权人性质				
			发明专利	实用新型专利	外观设计专利	职务	非职务	大专院校	科研单位	工矿企业	机关团体	个人
郑州市	申请量（件）	37 411	12 304	19 627	5 480	28 683	8 728	6 406	1 029	20 489	759	8 728
	申请量排名	1	1	1	1	1	1	1	1	1	1	1
	增长率（%）	43.7	45.6	52.3	16.4	49.7	26.8	63.0	15.6	48.5	40.3	26.8
	增长排名	5	7	3	12	4	7	9	11	3	9	7
开封市	申请量（件）	1 734	428	951	355	1 019	715	390	3	623	3	715
	申请量排名	12	9	12	13	11	14	8	17	13	17	14
	增长率（%）	25.1	21.2	19.8	48.5	23.1	28.1	40.8	200.0	14.7	-57.1	28.1
	增长排名	10	13	12	3	11	6	12	5	11	17	6
洛阳市	申请量（件）	8 872	3 631	4 484	757	7 423	1 449	733	345	5 941	404	1 449
	申请量排名	3	2	4	3	2	4	6	2	3	2	4
	增长率（%）	-3.7	-11.7	0.7	17.2	-5.4	6.2	-41.8	41.4	-0.7	11.3	6.2
	增长排名	17	18	15	11	18	13	16	9	17	10	12
平顶山市	申请量（件）	2 720	894	1 424	402	1 903	817	331	8	1 535	29	817
	申请量排名	7	7	8	10	7	12	9	9	7	6	12
	增长率（%）	11.3	29.8	6.5	-3.8	9.6	15.4	92.4	-63.6	0.8	52.6	15.4
	增长排名	14	11	14	16	15	10	6	17	16	7	10

续表

地市	名目	申请总量	专利分类			专利权属		专利权人性质				
			发明专利	实用新型专利	外观设计专利	职务	非职务	大专院校	科研单位	工矿企业	机关团体	个人
安阳市	申请量（件）	2 570	784	1 555	231	1 510	1 060	173	98	1 233	6	1 060
	申请量排名	8	8	7	15	8	7	12	3	8	14	7
	增长率（%）	38. 8	46. 0	39. 6	14. 9	26. 3	61. 6	13. 1	19. 5	32. 2	−78. 6	61. 6
	增长排名	6	6	6	13	10	1	15	10	7	18	1
鹤壁市	申请量（件）	631	147	442	42	479	152	78	1	389	11	152
	申请量排名	18	18	17	18	18	18	15	18	18	11	18
	增长率（%）	3. 3	30. 1	−3. 9	10. 5	14. 3	−20. 8	66. 0	−50. 0	8. 1	10. 0	−20. 8
	增长排名	16	10	16	14	13	18	8	16	13	11	18
新乡市	申请量（件）	7 466	2 324	4 527	615	6 025	1 441	2 132	87	3 701	105	1 441
	申请量排名	4	4	3	6	4	5	2	4	4	4	5
	增长率（%）	−4. 1	61. 5	−22. 9	30. 3	−1. 4	−13. 9	42. 2	117. 5	−17. 1	1. 0	−13. 9
	增长排名	18	3	18	6	17	17	11	7	18	12	17
焦作市	申请量（件）	3 751	1 029	2 364	358	2 908	843	1 271	5	1 606	26	843
	申请量排名	6	6	6	12	6	11	3	13	6	7	11
	增长率（%）	22. 5	9. 4	37. 3	−10. 1	28. 3	6. 2	47. 3	−28. 6	15. 7	188. 9	6. 2
	增长排名	11	14	7	17	8	12	10	13	10	4	13

续表

地市	名目	申请总量	专利分类			专利权属		专利权人性质				
			发明专利	实用新型专利	外观设计专利	职务	非职务	大专院校	科研单位	工矿企业	机关团体	个人
濮阳市	申请量（件）	1 713	329	1 105	279	907	806	21	16	862	8	806
	申请量排名	13	13	11	14	13	13	16	6	9	12	13
	增长率（%）	13. 3	6. 5	24. 0	−10. 6	22. 2	4. 7	−44. 7	6. 7	25. 8	100. 0	4. 7
	增长排名	12	16	11	18	12	14	18	12	9	6	14
许昌市	申请量（件）	11 955	3 625	5 588	2 742	7 094	4 861	767	9	6 253	65	4 861
	申请量排名	2	3	2	2	3	2	5	8	2	5	2
	增长率（%）	47. 6	88. 3	42. 3	22. 2	44. 4	52. 7	81. 8	−88. 5	46. 3	−53. 2	52. 7
	增长排名	3	1	4	8	6	3	7	18	4	16	3
漯河市	申请量（件）	1 457	237	846	374	1 074	383	295	24	732	23	383
	申请量排名	15	15	14	11	9	15	10	5	12	9	15
	增长率（%）	25. 5	6. 8	33. 4	22. 6	26. 5	22. 8	103. 4	200. 0	6. 1	283. 3	22. 8
	增长排名	9	15	9	7	9	8	5	4	14	3	8
三门峡市	申请量（件）	747	218	443	86	517	230	11	4	500	2	230
	申请量排名	16	16	16	17	17	16	18	14	16	18	16
	增长率（%）	3. 9	31. 3	−4. 9	−1. 1	8. 2	−4. 6	−42. 1	100. 0	9. 9	0. 0	−4. 6
	增长排名	15	9	17	15	16	16	17	8	12	14	16

续表

地市	名目	申请总量	专利分类			专利权属		专利权人性质				
			发明专利	实用新型专利	外观设计专利	职务	非职务	大专院校	科研单位	工矿企业	机关团体	个人
南阳市	申请量(件)	5 255	1 072	3 442	741	3 173	2 082	895	7	1 892	379	2 082
	申请量排名	5	5	5	4	5	3	4	11	5	3	3
	增长率(%)	11.5	4.9	9.9	31.9	10.5	12.9	15.8	-50.0	4.2	41.4	12.9
	增长排名	13	17	13	4	14	11	14	15	15	8	11
商丘市	申请量(件)	2 244	334	1 342	568	1 028	1 216	269	7	745	7	1 216
	申请量排名	9	12	9	7	10	6	11	10	11	13	6
	增长率(%)	65.0	32.5	73.2	70.6	69.9	61.1	427.5	700	37.5	-41.7	61.1
	增长排名	1	8	1	1	3	2	1	1	5	15	2
信阳市	申请量(件)	1 827	350	852	625	889	938	401	7	476	5	938
	申请量排名	11	11	13	5	14	10	7	12	17	15	10
	增长率(%)	46.2	78.6	31.3	54.3	103.0	15.5	133.1	600.0	83.1	0.0	15.5
	增长排名	4	2	10	2	1	9	3	2	1	13	9
周口市	申请量(件)	1 667	385	778	504	667	1 000	147	4	512	4	1 000
	申请量排名	14	10	15	8	15	8	13	15	15	16	8
	增长率(%)	36.1	59.1	37.2	21.2	47.6	29.4	116.2	-50.0	36.5	300.0	29.4
	增长排名	7	4	8	9	5	5	4	14	6	2	5

续表

地市	名目	申请总量	专利分类			专利权属		专利权人性质				
			发明专利	实用新型专利	外观设计专利	职务	非职务	大专院校	科研单位	工矿企业	机关团体	个人
驻马店市	申请量（件）	1 917	305	1 153	459	961	956	106	11	819	25	956
	申请量排名	10	14	10	9	12	9	14	7	10	8	9
	增长率（%）	31. 8	21. 5	41. 5	18. 3	28. 6	35. 2	24. 7	266. 7	26. 0	177. 8	35. 2
	增长排名	8	12	5	10	7	4	13	3	8	5	4
济源市	申请量（件）	732	186	435	111	550	182	12	3	514	21	182
	申请量排名	17	17	18	16	16	17	17	16	14	10	17
	增长率（%）	50. 0	56. 3	53. 2	30. 6	75. 2	4. 6	140. 0	200. 0	68. 0	950. 0	4. 6
	增长排名	2	5	2	5	2	15	2	6	2	1	15
巩义市	申请量（件）	697	89	463	145	493	204	3	0	489	1	204
	申请量排名	2	2	2	3	2	3	3	2	2	5	3
	增长率（%）	11. 5	30. 9	22. 5	-19. 0	42. 9	-27. 1	0. 0	0. 0	43. 0	100	-27. 1
	增长排名	8	4	5	9	7	8	8	8	6	3	8
兰考县	申请量（件）	151	21	61	69	70	81	0	0	69	1	81
	申请量排名	9	8	8	8	9	9	9	9	9	4	9
	增长率（%）	26. 9	-19. 2	5. 2	97. 1	94. 4	-2. 4	0. 0	0. 0	91. 7	100	-2. 4
	增长排名	6	7	6	3	5	7	6	6	5	2	7

续表

地市	名目	申请总量	专利分类			专利权属		专利权人性质				
			发明专利	实用新型专利	外观设计专利	职务	非职务	大专院校	科研单位	工矿企业	机关团体	个人
汝州市	申请量（件）	299	62	130	107	225	74	0	0	223	2	74
	申请量排名	5	4	6	4	4	10	4	4	4	2	10
	增长率（%）	-13.1	31.9	-20.7	-19.5	-4.7	-31.5	0.0	0.0	-5.5	200	-31.5
	增长排名	9	3	8	10	8	10	9	9	8	1	10
滑县	申请量（件）	255	80	134	41	109	146	0	0	109	0	146
	申请量排名	7	3	5	10	7	6	7	7	7	6	6
	增长率（%）	73.5	207.7	50.6	28.1	127.1	47.5	0.0	0.0	127.1	0.0	47.5
	增长排名	4	1	4	6	3	3	4	4	3	6	3
长垣县	申请量（件）	1 776	308	1 317	151	1 220	556	8	0	1 212	0	556
	申请量排名	1	1	1	2	1	1	2	1	1	8	1
	增长率（%）	-51.0	20.3	-60.4	259.5	-56.8	-30.8	300.0	0.0	-56.3	-5 000	-30.8
	增长排名	10	5	10	1	10	9	2	2	10	10	9
邓州市	申请量（件）	577	23	454	100	381	196	0	0	381	0	196
	申请量排名	3	7	3	5	3	4	5	3	3	9	4
	增长率（%）	98.3	-34.3	158.0	25.0	193.1	21.7	0.0	0.0	197.7	-200	21.7
	增长排名	1	9	2	7	2	5	3	3	2	9	5

续表

地市	名目	申请总量	专利分类			专利权属		专利权人性质				
			发明专利	实用新型专利	外观设计专利	职务	非职务	大专院校	科研单位	工矿企业	机关团体	个人
永城市	申请量（件）	439	36	325	78	225	214	60	0	162	3	214
	申请量排名	4	6	4	6	5	2	1	5	5	1	2
	增长率（%）	77.7	9.1	91.2	77.3	66.7	91.1	6 000	0.0	24.6	-40.0	91.1
	增长排名	3	6	3	4	6	1	1	1	7	8	1
固始县	申请量（件）	285	5	53	227	119	166	0	0	119	0	166
	申请量排名	6	10	9	1	6	5	6	6	6	10	5
	增长率（%）	61.9	-37.5	-30.3	146.7	600.0	4.4	0.0	0.0	600.0	0.0	4.4
	增长排名	5	10	9	2	1	6	5	5	1	5	6
鹿邑县	申请量（件）	138	39	40	59	10	128	0	0	10	0	128
	申请量排名	10	5	10	9	10	7	10	10	10	7	7
	增长率（%）	13.1	129.4	-2.4	-7.8	-50.0	25.5	0.0	0.0	-50.0	0.0	25.5
	增长排名	7	2	7	8	9	4	7	7	9	7	4
新蔡县	申请量（件）	197	11	115	71	86	111	0	0	85	1	111
	申请量排名	8	9	7	7	8	8	8	8	8	3	8
	增长率（%）	97.0	-26.7	180.5	61.4	126.3	79.0	0.0	0.0	123.7	100	79.0
	增长排名	2	8	1	5	4	2	10	10	4	4	2
合计	申请量（件）	94 669	28 582	51 358	14 729	66 810	27 859	14 438	1 668	48 822	1 882	27 859
	增长率（%）	27.3	33.9	25.9	20.2	28.5	24.4	44.7	17.6	25.0	23.1	24.4

2016年河南省各地市专利分类授权排名表

地市	名目	授权总量	专利分类			专利权属		专利权人性质				
			发明专利	实用新型专利	外观设计专利	职务	非职务	大专院校	科研单位	工矿企业	机关团体	个人
郑州市	授权量（件）	17 884	2 388	11 519	3 977	14 015	3 869	3 398	333	9 998	286	3 869
	授权量排名	1	1	1	1	1	1	1	1	1	1	1
	增长率（%）	10. 9	27. 8	10. 2	4. 3	8. 6	19. 9	38. 0	−11. 4	2. 2	0. 7	19. 9
	增长排名	7	11	7	9	7	4	12	12	8	9	4
开封市	授权量（件）	1 157	157	727	273	721	436	222	1	491	7	436
	授权量排名	10	9	11	11	9	12	8	16	10	7	12
	增长率（%）	17. 8	33. 1	11. 2	30. 0	24. 5	8. 2	50. 0	100	16. 9	−36. 4	8. 2
	增长排名	3	10	6	4	2	8	9	6	3	15	8
洛阳市	授权量（件）	5 298	1 671	3 114	513	4 500	798	668	40	3 561	231	798
	授权量排名	2	2	2	4	2	4	4	4	2	2	4
	增长率（%）	−6. 1	20. 1	−15. 2	−11. 6	−8. 9	13. 4	−20. 8	−42. 9	−5. 7	−7. 6	13. 4
	增长排名	13	13	16	12	15	5	16	15	11	13	5
平顶山市	授权量（件）	1 876	264	1 207	405	1 431	445	189	5	1 234	3	445
	授权量排名	7	7	7	7	7	11	9	11	6	11	11
	增长率（%）	−20. 8	50. 0	−13. 4	−49. 4	−16. 1	−33. 0	78. 3	−16. 7	−22. 5	200. 0	−33. 0
	增长排名	17	6	15	18	17	17	4	14	17	4	17

续表

地市	名目	授权总量	专利分类			专利权属		专利权人性质				
			发明专利	实用新型专利	外观设计专利	职务	非职务	大专院校	科研单位	工矿企业	机关团体	个人
安阳市	授权量（件）	1 291	197	964	130	861	430	102	43	715	1	430
	授权量排名	8	8	8	15	8	13	11	3	8	15	13
	增长率（%）	16. 4	43. 8	18. 9	−19. 3	23. 7	4. 1	39. 7	13. 2	22. 4	0. 0	4. 1
	增长排名	4	8	3	14	3	9	10	9	2	11	9
鹤壁市	授权量（件）	395	52	316	27	323	72	56	2	258	7	72
	授权量排名	18	17	17	18	15	18	15	15	17	9	18
	增长率（%）	−14. 9	18. 2	−19. 4	−3. 6	3. 2	−52. 3	60. 0	0. 0	−5. 8	250. 0	−52. 3
	增长排名	16	14	17	11	11	18	8	11	12	1	18
新乡市	授权量（件）	3 996	471	3 106	419	3 219	777	1 198	51	1 934	36	777
	授权量排名	4	3	3	6	3	5	2	2	4	5	5
	增长率（%）	−29. 7	4. 2	−36. 6	24. 7	−31. 1	−23. 5	16. 4	54. 5	−46. 1	63. 6	−23. 5
	增长排名	18	16	18	6	18	15	15	7	18	5	15
焦作市	授权量（件）	2 253	374	1 647	232	1 841	412	614	5	1 180	42	412
	授权量排名	6	4	6	13	6	14	5	10	7	4	14
	增长率（%）	12. 0	9. 0	24. 1	−32. 2	11. 7	13. 2	26. 6	400. 0	4. 1	50. 0	13. 2
	增长排名	6	15	2	17	6	6	13	5	6	7	6

续表

地市	名目	授权总量	专利分类			专利权属		专利权人性质				
			发明专利	实用新型专利	外观设计专利	职务	非职务	大专院校	科研单位	工矿企业	机关团体	个人
濮阳市	授权量（件）	1 027	122	728	177	543	484	21	5	516	1	484
	授权量排名	13	10	10	14	13	10	16	12	9	14	10
	增长率（%）	−8. 8	50. 6	−8. 5	−28. 9	−13. 7	−2. 6	−58. 0	−44. 4	−8. 8	−75. 0	−2. 6
	增长排名	14	5	13	16	16	13	18	16	15	17	13
许昌市	授权量（件）	4 410	265	2 631	1 514	2 907	1 503	286	10	2 608	3	1 503
	授权量排名	3	6	4	2	4	2	6	5	3	12	2
	增长率（%）	25. 0	72. 1	13. 6	43. 0	15. 5	48. 5	73. 3	−50. 0	11. 9	200. 0	48. 5
	增长排名	2	3	5	1	4	1	6	17	4	2	1
漯河市	授权量（件）	879	77	558	244	655	224	152	6	491	6	224
	授权量排名	14	12	14	12	10	15	10	7	11	10	15
	增长率（%）	−0. 5	51. 0	4. 3	−17. 8	0. 6	−3. 4	38. 2	20. 0	−7. 7	50. 0	−3. 4
	增长排名	12	4	9	13	14	14	11	8	14	8	14
三门峡市	授权量（件）	439	51	352	36	307	132	5	0	302	0	132
	授权量排名	17	18	16	17	18	17	18	18	16	17	17
	增长率（%）	−8. 9	−10. 5	−6. 6	−25. 0	5. 1	−30. 5	−50. 0	−100	7. 5	0. 0	−30. 5
	增长排名	15	17	12	15	10	16	17	18	5	10	16

续表

地市	名目	授权总量	专利分类			专利权属		专利权人性质				
			发明专利	实用新型专利	外观设计专利	职务	非职务	大专院校	科研单位	工矿企业	机关团体	个人
南阳市	授权量（件）	3 531	372	2 590	569	2 166	1 365	720	7	1 250	189	1 365
	授权量排名	5	5	5	3	5	3	3	6	5	3	3
	增长率（%）	9. 3	48. 8	5. 3	9. 2	14. 0	2. 6	84. 1	−12. 5	−1. 8	−17. 1	2. 6
	增长排名	10	7	8	8	5	10	3	13	10	14	10
商丘市	授权量（件）	1 133	60	731	342	520	613	97	4	419	0	613
	授权量排名	11	15	9	9	14	6	12	14	13	18	6
	增长率（%）	16. 0	−26. 8	17. 7	24. 8	7. 0	24. 8	223. 3	400	−7. 5	−300	24. 8
	增长排名	5	18	4	5	9	3	1	4	13	18	3
信阳市	授权量（件）	1 109	77	583	449	559	550	223	6	330	0	550
	授权量排名	12	13	13	5	12	8	7	9	14	16	8
	增长率（%）	32. 5	35. 1	33. 1	31. 3	90. 8	1. 1	116. 5	500. 0	74. 6	0. 0	1. 1
	增长排名	1	9	1	2	1	11	2	1	1	12	11
周口市	授权量（件）	842	97	431	314	318	524	73	5	238	2	524
	授权量排名	15	11	15	10	16	9	14	13	18	13	9
	增长率（%）	0. 6	120. 5	−8. 9	−1. 9	2. 6	−0. 6	73. 8	500	−11. 2	200	−0. 6
	增长排名	11	1	14	10	12	12	5	2	16	3	12

续表

地市	名目	授权总量	专利分类			专利权属		专利权人性质				
			发明专利	实用新型专利	外观设计专利	职务	非职务	大专院校	科研单位	工矿企业	机关团体	个人
驻马店市	授权量（件）	1 162	61	698	403	572	590	76	6	481	9	590
	授权量排名	9	14	12	8	11	7	13	8	12	6	7
	增长率（%）	10. 4	24. 5	0. 4	30. 4	7. 9	12. 8	61. 7	500. 0	1. 1	50. 0	12. 8
	增长排名	8	12	11	3	8	7	7	3	9	6	7
济源市	授权量（件）	463	55	295	113	318	145	5	0	306	7	145
	授权量排名	16	16	18	16	17	16	17	17	15	8	16
	增长率（%）	10. 2	96. 4	1. 0	13. 0	1. 6	35. 5	25. 0	0. 0	3. 7	-50. 0	35. 5
	增长排名	9	2	10	7	13	2	14	10	7	16	2
巩义市	授权量（件）	513	51	281	181	319	194	3	0	316	0	194
	授权量排名	2	2	2	1	2	2	2	2	2	2	2
	增长率（%）	10. 8	142. 9	-29. 8	331. 0	-3. 0	44. 8	300	0. 0	-4. 0	0. 0	44. 8
	增长排名	8	2	8	1	7	3	2	2	6	5	3
兰考县	授权量（件）	112	3	44	65	61	51	0	0	60	1	51
	授权量排名	9	8	9	5	8	10	8	8	8	1	10
	增长率（%）	43. 6	0. 0	-8. 3	140. 7	56. 4	30. 8	0. 0	0. 0	53. 8	100	30. 8
	增长排名	5	6	7	2	5	5	5	5	5	1	5

续表

地市	名目	授权总量	专利分类			专利权属		专利权人性质				
			发明专利	实用新型专利	外观设计专利	职务	非职务	大专院校	科研单位	工矿企业	机关团体	个人
汝州市	授权量（件）	324	51	119	154	249	75	0	0	249	0	75
	授权量排名	4	3	5	2	3	7	5	3	3	7	7
	增长率（%）	-53.0	24.4	-62.1	-53.9	-45.2	-68.1	0.0	0.0	-45.2	0.0	-68.1
	增长排名	9	4	9	10	8	10	9	9	8	7	10
滑县	授权量（件）	115	9	84	22	45	70	0	0	45	0	70
	授权量排名	8	6	7	10	9	8	9	9	9	8	8
	增长率（%）	15.0	-18.2	37.7	-21.4	200.0	-17.6	0.0	0.0	200.0	0.0	-17.6
	增长排名	7	7	5	9	3	8	7	7	3	3	8
长垣县	授权量（件）	987	52	871	64	688	299	1	0	687	0	299
	授权量排名	1	1	1	6	1	1	3	1	1	10	1
	增长率（%）	-64.8	79.3	-68.1	64.1	-69.9	-42.5	100	0.0	-69.9	0.0	-42.5
	增长排名	10	3	10	6	10	9	3	3	10	9	9
邓州市	授权量（件）	328	13	236	79	178	150	0	0	178	0	150
	授权量排名	3	4	3	4	4	3	4	4	4	3	3
	增长率（%）	78.3	160.0	112.6	16.2	143.8	35.1	0.0	0.0	147.2	-100	35.1
	增长排名	2	1	2	8	4	4	8	8	4	10	4

续表

地市	名目	授权总量	专利分类			专利权属		专利权人性质				
			发明专利	实用新型专利	外观设计专利	职务	非职务	大专院校	科研单位	工矿企业	机关团体	个人
永城市	授权量（件）	275	10	218	47	157	118	26	0	131	0	118
	授权量排名	5	5	4	9	5	4	1	5	5	4	4
	增长率（%）	32.2	-44.4	38.9	42.4	6.8	93.4	2 600	0.0	-10.9	0.0	93.4
	增长排名	6	10	4	7	6	2	1	1	7	6	2
固始县	授权量（件）	200	2	51	147	86	114	0	0	86	0	114
	授权量排名	6	9	8	3	6	5	6	6	6	5	5
	增长率（%）	72.4	-33.3	64.5	79.3	561.5	10.7	0.0	0.0	561.5	0.0	10.7
	增长排名	3	8	3	4	2	7	10	10	2	2	7
鹿邑县	授权量（件）	86	0	28	58	7	79	0	0	7	0	79
	授权量排名	10	10	10	7	10	6	10	10	10	6	6
	增长率（%）	56.4	0.0	0.0	114.8	-58.8	107.9	0.0	0.0	-58.8	0.0	107.9
	增长排名	4	5	6	3	9	1	4	4	9	8	1
新蔡县	授权量（件）	146	3	86	57	80	66	0	0	80	0	66
	授权量排名	7	7	6	8	7	9	7	7	7	9	9
	增长率（%）	175.5	-40.0	514.3	67.6	3 900	29.4	0.0	0.0	3 900	0.0	29.4
	增长排名	1	9	1	5	1	6	6	6	1	4	6
合计	授权量（件）	49 145	6 811	32 197	10 137	35 776	13 369	8 105	529	36 312	830	13 369
	增长率（%）	2.9	26.5	-1.2	3.6	1.1	7.9	32.1	-7.4	-5.4	-3.4	7.9

2016 年河南省各省辖市有效发明专利统计表

地市	总计（件）	按专利权人性质分					职务专利（件）	总人口数（万人）	专利密度（件/万人）	上年拥有量（件）	同比增长（%）
		大专院校（件）	科研单位（件）	工矿企业（件）	机关团体（件）	个人（件）					
郑州市	8 216	2 002	486	4 506	178	1 044	7 172	938	8.76	6 318	30.04
洛阳市	5 353	1 215	73	3 540	169	356	4 997	668	8.01	4 223	26.76
焦作市	1 221	496	2	594	32	97	1 124	352	3.47	943	29.48
济源市	200	2	0	175	0	23	177	72	2.78	158	26.58
新乡市	1 437	456	58	714	25	184	1 253	571	2.52	1 089	31.96
许昌市	757	73	4	583	0	97	660	432	1.75	525	44.19
平顶山市	773	55	0	541	1	176	597	496	1.56	571	35.38
濮阳市	509	3	2	331	1	172	337	360	1.41	422	20.62
鹤壁市	213	4	2	162	0	45	168	160	1.33	178	19.66
安阳市	667	45	95	347	1	179	488	509	1.31	523	27.53
南阳市	1 225	131	11	828	7	248	977	999	1.23	972	26.03
三门峡市	249	3	1	182	0	63	186	225	1.11	209	19.14
开封市	492	215	2	181	1	93	399	455	1.08	399	23.31
漯河市	278	10	1	225	1	41	237	260	1.07	204	36.27
信阳市	231	40	4	133	2	52	179	641	0.36	184	25.54
商丘市	260	20	1	130	0	109	151	726	0.36	224	16.07
驻马店市	241	15	0	116	1	109	132	693	0.35	216	11.57
周口市	279	14	1	166	0	98	181	880	0.32	213	30.99
巩义市	208	0	0	176	0	32	176	82	2.54	183	13.66
长垣县	118	0	1	87	0	30	88	76	1.55	77	53.25
汝州市	134	0	0	98	0	36	98	93	1.44	89	50.56
滑县	65	0	0	17	0	48	17	111	0.59	74	-12.16
新蔡县	25	0	0	3	0	22	3	84	0.30	22	13.64
永城市	36	0	0	27	0	9	27	121	0.30	35	2.86

续表

地市	总计（件）	按专利权人性质分					职务专利（件）	总人口数（万人）	专利密度（件/万人）	上年拥有量（件）	同比增长（%）
		大专院校（件）	科研单位（件）	工矿企业（件）	机关团体（件）	个人（件）					
兰考县	17	0	0	7	0	10	7	63	0. 27	14	21. 43
邓州市	24	0	0	15	0	9	15	141	0. 17	16	50. 00
鹿邑县	14	0	0	8	0	6	8	89	0. 16	15	-6. 67
固始县	8	0	0	3	0	5	3	107	0. 07	7	14. 29
当年全省累计	22 601	4 799	743	13 454	419	3 186	19 415	9 413	2. 40	17 571	28. 63

注：①有效发明数据来源于国家局公布数据；②人口数来源于 2015 年河南省统计年鉴；③十个省直管县数据已经计算在其所属省辖市内。

2016 年河南省 PCT 国际专利申请量统计表

地市	当年申请量累计（件）	增幅（%）
郑州市	52	33. 33
洛阳市	15	-28. 57
新乡市	4	-33. 33
许昌市	15	400. 00
南阳市	2	100. 00
焦作市	4	300. 00
平顶山市	3	200. 00
濮阳市	1	100. 00
安阳市	2	0. 00
驻马店市	1	100. 00
商丘市	0	-100. 00
开封市	3	300. 00
信阳市	0	0. 00
周口市	3	50. 00
漯河市	1	-50. 00
鹤壁市	1	100. 00
三门峡市	0	-100. 00
济源市	0	0. 00
巩义市	0	0. 00
兰考县	0	0. 00
汝州市	0	0. 00
滑县	0	0. 00
长垣县	0	0. 00
邓州市	0	0. 00
永城市	0	0. 00
固始县	0	0. 00
鹿邑县	0	0. 00
新蔡县	0	0. 00
全省合计	107	32. 10

2010—2016 年河南省专利申请量同期对比表

年份	类别	总量（件）	总量增长率（%）	发明专利			实用新型专利			外观设计专利		
				数量（件）	占比（%）	增长率（%）	数量（件）	占比（%）	增长率（%）	数量（件）	占比（%）	增长率（%）
2010	申请	25 149	28.4	6 408	25.5	29.4	13 856	55.1	39.8	4 885	19.4	3.4
2011		34 076	35.5	8 833	25.9	37.8	19 120	56.1	38.0	6 123	18.0	25.3
2012		43 442	27.5	10 910	25.1	23.5	23 594	54.3	23.4	8 938	20.6	46.0
2013		55 920	28.7	15 580	27.9	42.8	29 420	52.6	24.7	10 920	19.5	22.2
2014		62 434	11.6	19 646	31.5	26.1	30 716	49.2	4.4	12 072	19.3	10.5
2015		74 373	19.1	21 338	28.7	8.6	40 778	54.8	32.8	12 257	16.5	1.5
2016		94 669	27.3	28 582	30.2	33.9	51 358	54.3	25.9	14 729	15.6	20.2

年份	类别	总量（件）	总量增长率（%）	非职务			职务		
				数量（件）	占比（%）	增长率（%）	数量（件）	占比（%）	增长率（%）
2010	申请	25 149	28.4	9 528	37.9	5.2	15 621	62.1	48.3
2011		34 076	35.5	11 155	32.7	17.1	22 921	67.3	46.7
2012		43 442	27.5	14 468	33.3	29.7	28 974	66.7	26.4
2013		55 920	28.7	18 500	33.1	27.9	37 420	66.9	29.2
2014		62 434	11.6	18 689	29.9	1.0	43 745	70.1	16.9
2015		74 373	19.1	22 399	30.1	19.9	51 974	69.9	18.8
2016		94 669	27.3	27 859	29.4	24.4	66 810	70.6	28.5

年份	类别	职务												
		总量（件）	大专院校			科研单位			工矿企业			机关团体		
			数量（件）	占比（%）	增长率（%）	数量（件）	占比（%）	增长率（%）	数量（件）	占比（%）	增长率（%）	数量（件）	占比（%）	增长率（%）
2010	申请	15 621	1 387	8.9	91.0	578	3.7	1.4	13 449	86.1	46.5	207	1.3	283.3
2011		22 921	2 228	9.7	60.6	824	3.6	42.6	19 402	84.6	44.3	467	2.0	125.6
2012		28 974	2 470	8.5	10.9	1 122	3.9	36.2	24 670	85.1	27.2	712	2.5	52.5
2013		37 420	4 254	11.4	72.2	983	2.6	−12.4	30 887	82.5	25.2	1 296	3.5	82.0
2014		43 745	6 336	14.5	48.9	1 062	2.4	8.0	34 695	79.3	12.3	1 652	3.8	27.5
2015		51 974	9 980	19.2	57.5	1 418	2.7	33.5	39 047	75.1	12.5	1 529	2.9	−7.4
2016		66 810	14 438	21.6	44.7	1 668	2.5	17.6	48 822	73.1	25.0	1 882	2.8	23.1

2010—2016 年河南省专利授权量同期对比表

年份	类别	总量（件）	总量增长率（%）	发明专利			实用新型专利			外观设计专利		
				数量（件）	占比（%）	增长率（%）	数量（件）	占比（%）	增长率（%）	数量（件）	占比（%）	增长率（%）
2010		16 539	44.7	1 498	9.1	32.6	11 048	66.80	66.6	3 993	24.14	8.9
2011		19 259	16.4	2 462	12.8	64.4	13 032	67.67	18.0	3 765	19.55	−5.7
2012		26 833	39.3	3 168	11.8	28.7	18 739	69.84	43.8	4 926	18.36	30.8
2013	授权	29 482	9.9	3 173	10.8	0.2	21 153	71.75	12.9	5 156	17.49	4.7
2014		33 366	13.2	3 493	10.5	10.1	23 539	70.55	11.3	6 334	18.98	22.8
2015		47 766	43.2	5 384	11.3	54.1	32 592	68.23	38.5	9 790	20.50	54.6
2016		49 145	2.9	6 811	13.9	26.5	32 197	65.51	−1.2	10 137	20.63	3.5

年份	类别	总量（件）	总量增长率（%）	非职务			职务		
				数量（件）	占比（%）	增长率（%）	数量（件）	占比（%）	增长率（%）
2010		16 539	44.7	6 395	38.7	17.0	10 144	61.3	70.2
2011		19 259	16.4	6 185	32.1	−3.3	13 074	67.9	28.9
2012		26 833	39.3	7 742	28.9	25.2	19 091	71.1	46.0
2013	授权	29 482	9.9	8 529	28.9	10.2	20 953	71.1	9.8
2014		33 366	13.2	8 405	25.2	−1.5	24 961	74.8	19.1
2015		47 766	43.2	12 395	25.9	47.5	35 371	74.1	41.7
2016		49 145	2.9	13 369	27.2	7.9	35 776	72.8	1.1

年份	类别	职务												
		总量（件）	大专院校			科研单位			工矿企业			机关团体		
			数量（件）	占比（%）	增长率（%）	数量（件）	占比（%）	增长率（%）	数量（件）	占比（%）	增长率（%）	数量（件）	占比（%）	增长率（%）
2010		10 144	630	6.2	65.4	410	4.0	44.9	9 043	89.1	71.5	61	0.6	154.2
2011		13 074	860	6.6	36.5	469	3.6	14.4	11 531	88.2	27.5	214	1.6	250.8
2012		19 091	1 708	8.9	98.6	534	2.8	13.9	16 469	86.3	42.8	380	2.0	77.6
2013	授权	20 953	2 108	10.1	23.4	398	1.9	−25.5	18 057	86.2	9.6	390	1.9	2.6
2014		24 961	3 412	13.7	61.9	454	1.8	14.1	20 509	82.2	13.6	586	2.3	50.3
2015		35 371	6 135	17.3	79.8	571	1.6	25.8	27 806	78.6	35.6	859	2.4	46.6
2016		35 776	8 105	22.7	32.1	529	1.5	−7.4	26 312	73.5	−5.4	830	2.3	−3.4

2016年河南省各类知识产权平台及载体情况统计

序号	类别	总数量	国家级数量	省级数量
1	国家知识产权创意产业试点园区	1	1	0
2	国家知识产权服务业集聚发展试验区	1	1	0
3	专利导航产业发展实验区	8	1	7
4	京外专利审协中心	1	1	0
5	国家专利质押融资试点省	1	1	0
6	国家专利质押融资试点城市	3	3	0
7	国家专利质押融资试点单位	2	2	0
8	国家专利保险试点城市	3	3	0
9	国家专利投融资试点城市	1	1	0
10	国家知识产权示范城市	5	5	0
11	国家知识产权试点城市	4	4	0
12	国家知识产权强县工程试点、示范县（市、区）	12	12	0
13	国家知识产权示范、试点园区	3	3	0
14	国家专利运营试点单位	3	3	0
15	国家专利协同运用试点单位	2	2	0
16	国家知识产权快速维权中心	1	1	0
17	中国知识产权维权援助中心	6	6	0
18	国家知识产权培训基地	1	1	0
19	全国中小学知识产权教育试点学校	2	2	0
20	国家知识产权局地方专利信息服务中心（中外专利信息数据平台）	1	1	0
21	知识产权保护规范化市场	1	1	0
22	知识产权优势企业	106	47	59
23	知识产权示范企业	16	8	8
24	专利技术展示交易中心	10	2	8
25	知识产权远程教育平台	9	1	8
26	知识产权领军企业	4	0	4
27	省级特色数据及系统平台	1	0	1
28	省级专利技术孵化转移中心	4	0	4
29	河南省知识产权培训基地	9	0	9
30	河南省中小学知识产权普及教育实验基地	116	0	116
	合计	336	112	224

2016 年河南省高校专利申请量 100 件以上名单

申请人名称	专利申请量（件）
河南机电高等专科学校	100
河南工业职业技术学院	101
开封大学	106
商丘师范学院	106
郑州澍青医学高等专科学校	114
周口师范学院	117
南阳理工学院	119
南阳医学高等专科学校	120
信阳师范学院	120
郑州科技学院	134
中州大学	145
南阳医学高等专科学校	160
中国人民解放军信息工程大学	162
焦作大学	179
郑州轻工业学院	181
信阳农林学院	183
中原工学院	186
新乡职业技术学院	191
河南理工大学万方科技学院	197
河南大学	198
漯河医学高等专科学校	204
新乡医学院	212
河南城建学院	219
洛阳理工学院	225
河南农业大学	249
郑州航空工业管理学院	282
华北水利水电大学	286
郑州工业应用技术学院	302
南阳师范学院	311
河南工业大学	318
新乡学院	405
河南科技学院	409
河南科技大学	425
河南工程学院	676
许昌学院	683
河南师范大学	773
河南理工大学	982
郑州大学	983
黄河科技学院	1 118

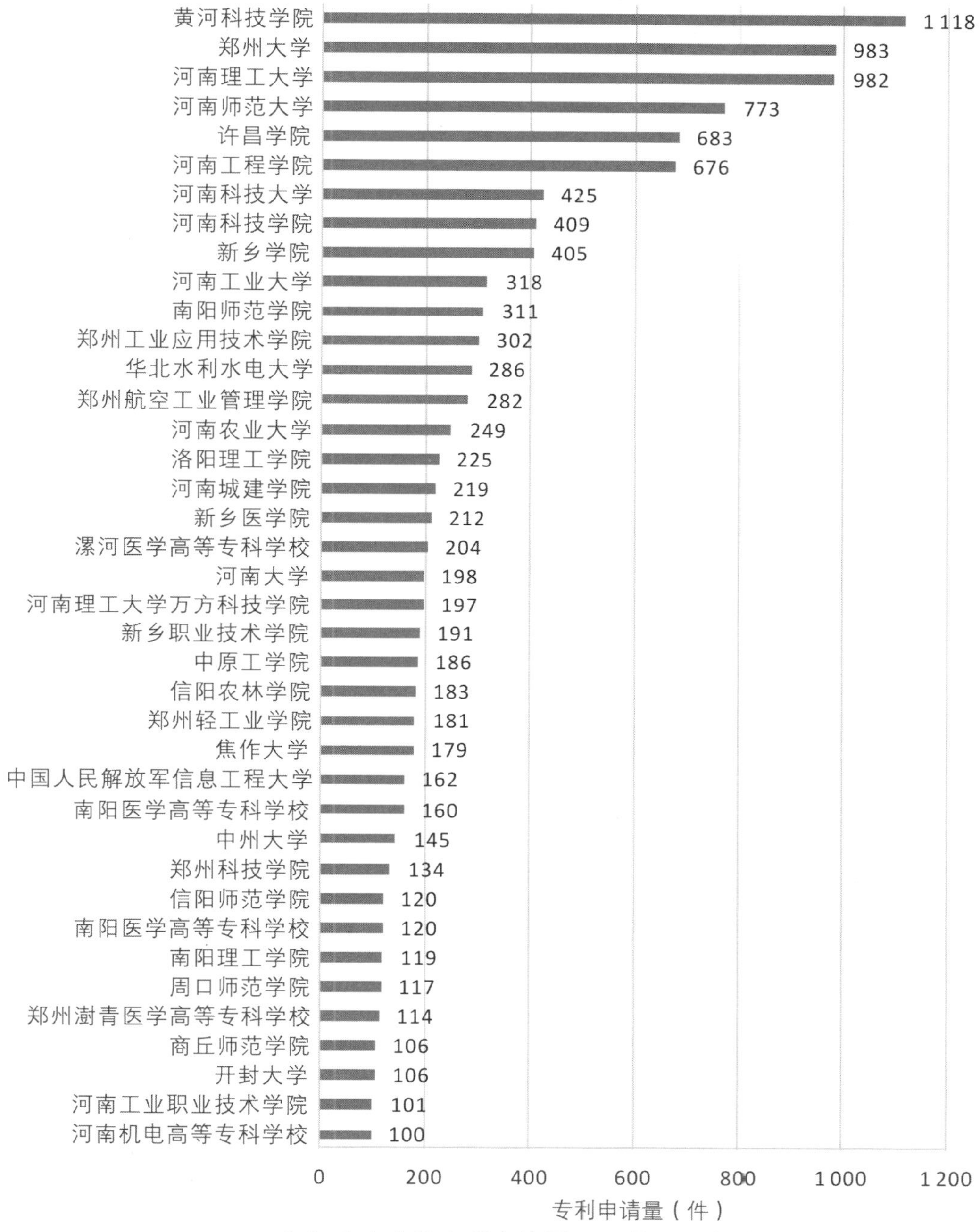

2016 年河南省高校专利申请量 100 件以上名单

2016 年河南省高校专利获权量 50 件以上名单

申请人名称	专利获权量（件）
河南机电高等专科学校	54
河南省郑州水利学校	54
周口师范学院	54
河南职业技术学院	62
安阳工学院	66
南阳理工学院	70
黄淮学院	72
焦作大学	81
郑州轻工业学院	83
河南大学	84
开封大学	89
郑州澍青医学高等专科学校	89
郑州职业技术学院	99
河南农业大学	100
漯河医学高等专科学校	102
郑州航空工业管理学院	115
新乡医学院	116
河南工业大学	123
中原工学院	126
郑州工业应用技术学院	138
河南城建学院	139
南阳师范学院	144
河南工业职业技术学院	146
信阳农林学院	155
华北水利水电大学	164
洛阳理工学院	174
新乡职业技术学院	185
河南理工大学万方科技学院	213
河南科技学院	234
许昌学院	276
新乡学院	279
河南师范大学	311
河南工程学院	350
南阳医学高等专科学校	351
河南科技大学	445
河南理工大学	483
黄河科技学院	583
郑州大学	587

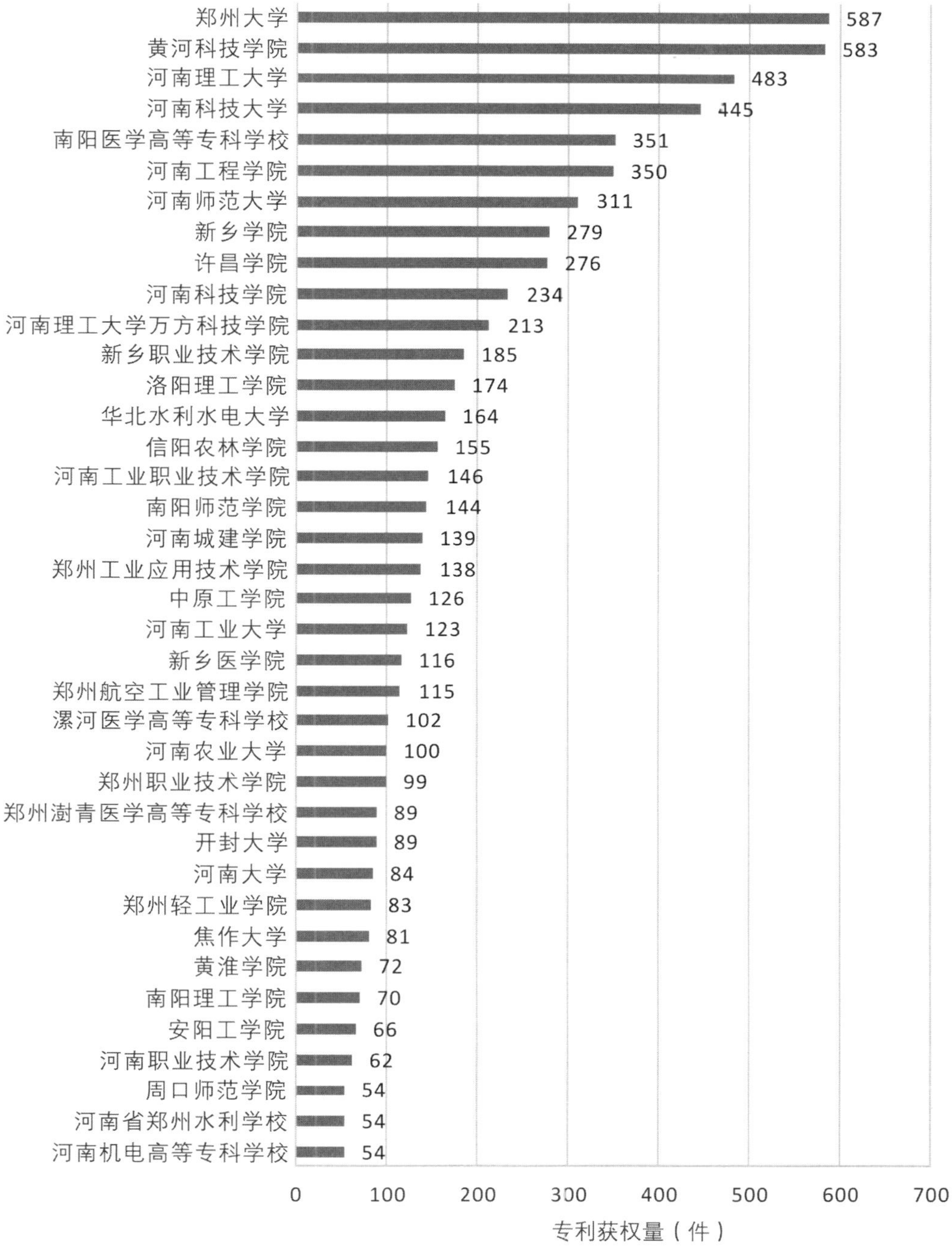

2016 年河南省高校专利获权量 50 件以上名单

2016 年河南省科研院所专利申请量 20 件以上名单

申请人名称	专利申请量（件）
河南省农业科学院植物保护研究所	20
河南省农业科学院	21
郑州市蔬菜研究所	24
中国电子科技集团公司第二十七研究所	28
国家林业局泡桐研究开发中心	34
中国农业科学院农田灌溉研究所	34
河南省农业科学院畜牧兽医研究所	37
中牟新区骨病医院	37
中国农业科学院郑州果树研究所	38
郑州机械研究所	45
黄河勘测规划设计有限公司	62
中国船舶重工集团公司第七一三研究所	64
中国农业科学院棉花研究所	65
国网河南省电力公司电力科学研究院	85
中国航空工业集团公司洛阳电光设备研究所	130
中国烟草总公司郑州烟草研究院	175

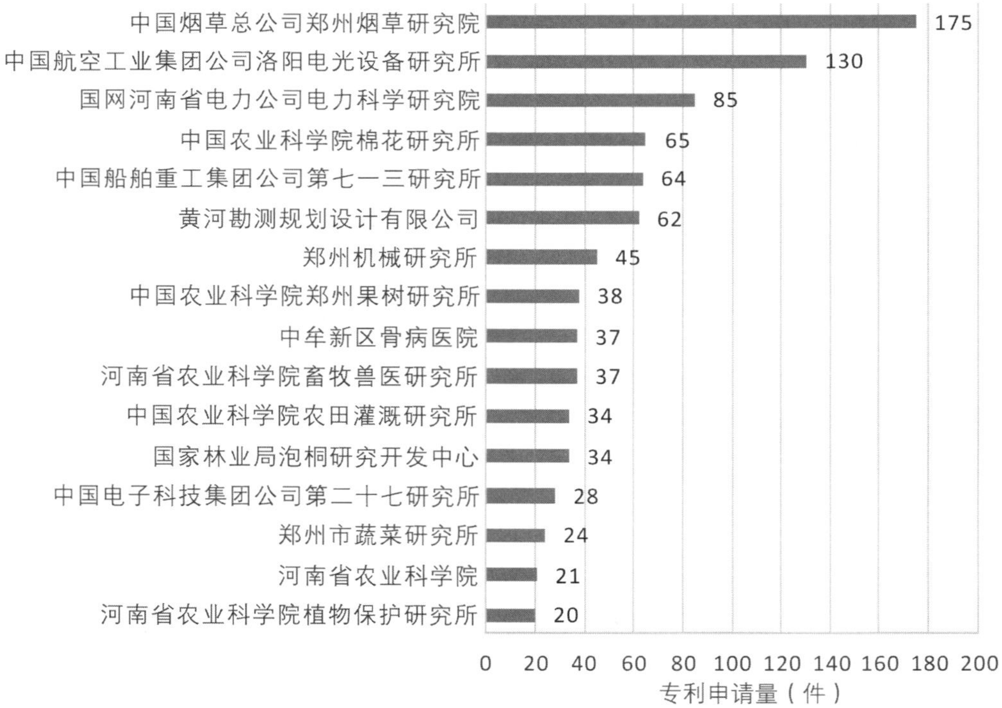

2016 年河南省科研院所专利申请量 20 件以上名单

2016 年河南省企业专利申请量 100 件以上名单

申请人名称	专利申请量（件）	申请人名称	专利申请量（件）
河南八灵电子科技有限公司	100	郑州仁宏医药科技有限公司	138
河南凯达汽车有限公司	100	中信重工机械股份有限公司	140
郑州单点科技软件有限公司	100	郑州日产汽车有限公司	141
郑州吉音动漫科技有限公司	100	河南时代云通信技术有限公司	143
河南少林客车股份有限公司	101	郑州北斗七星通讯科技有限公司	143
洛阳北方易初摩托车有限公司	101	郑州莉迪亚医药科技有限公司	147
周口市凯旺电子科技有限公司	101	国网河南省电力公司南阳供电公司	153
登封市天中邑文化产业发展有限责任公司	103	郑州诚合信息技术有限公司	154
郑州峰泰纳米材料有限公司	103	许昌许继软件技术有限公司	162
固始县吴氏家具有限公司	105	河南微服网络科技有限公司	164
郑州狮虎磨料磨具有限公司	106	中铁工程装备集团有限公司	169
郑州蓝视科技有限公司	108	河南森源重工有限公司	181
第一拖拉机股份有限公司	110	郑州艾莫弗信息技术有限公司	184
河南省大方重型机器有限公司	115	郑州搜趣信息技术有限公司	186
郑州众智科技股份有限公司	116	郑州天舜电子技术有限公司	196
郑州鸿宾木艺有限公司	118	新乡市振英机械设备有限公司	206
郑州源冉生物技术有限公司	121	郑州德惠纺织科技有限公司	210
郑州丽福爱生物技术有限公司	122	郑州游爱网络技术有限公司	213
河南平高电气股份有限公司	124	中国建筑第七工程局有限公司	228
郑州法图曼工具磨具有限公司	124	中航光电科技股份有限公司	252
河南省雅宝家俱有限公司	125	平高集团有限公司	280
郑州郑先医药科技有限公司	126	许继电气股份有限公司	355
中国大唐集团科学技术研究院有限公司华中分公司	126	郑州宇通客车股份有限公司	370
		河南中烟工业有限责任公司	486
河南森源电气股份有限公司	130	许继集团有限公司	508
河南双汇投资发展股份有限公司	132	西继迅达（许昌）电梯有限公司	633
郑州锐达信息技术有限公司	137	郑州云海信息技术有限公司	1 020

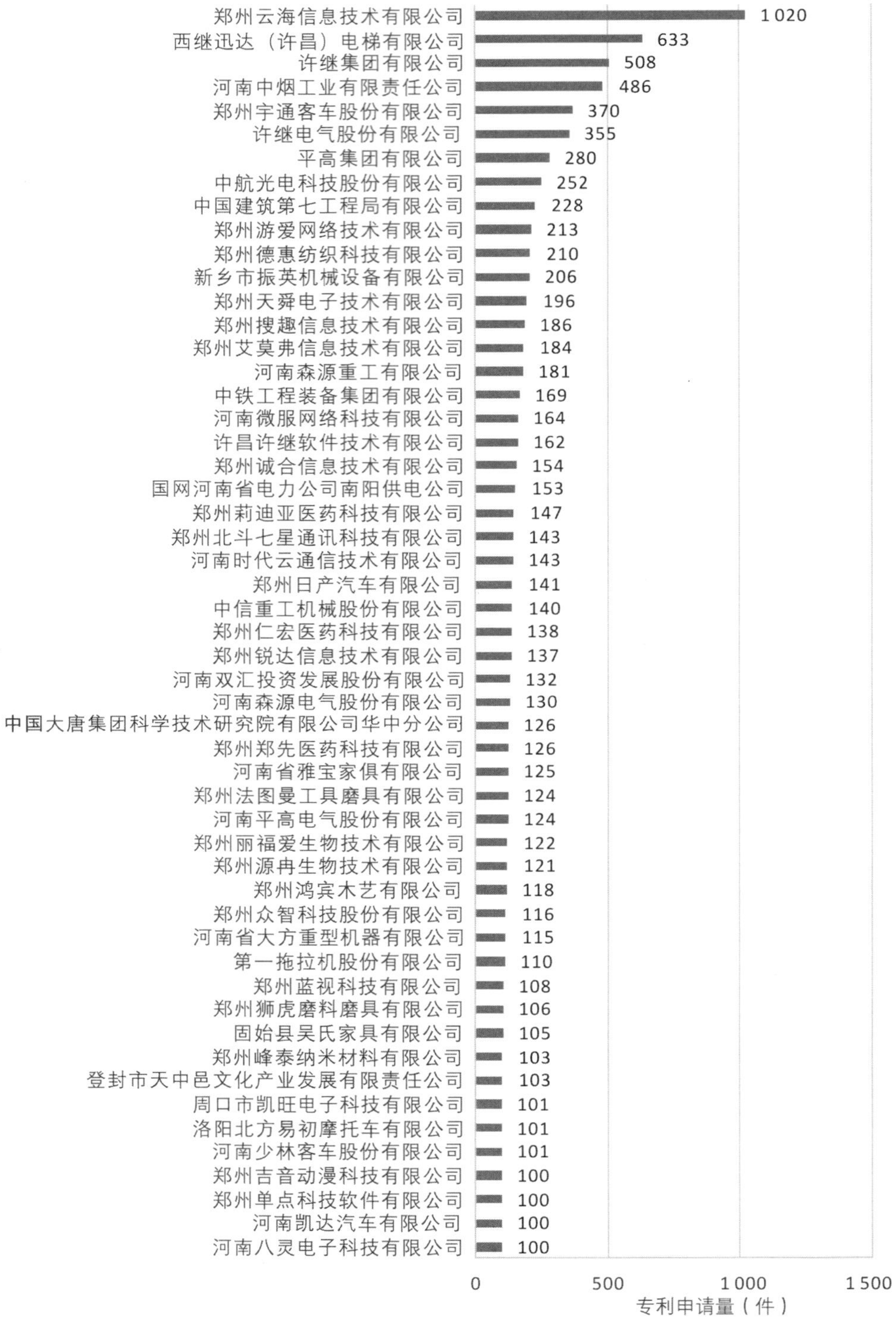

2016 年河南省企业专利申请量 100 件以上名单

2016 年河南省企业专利授权量 50 件以上名单

申请人名称	专利授权量（件）	申请人名称	专利授权量（件）
长葛市全鑫工程机械制造有限公司	50	郑州磨料磨具磨削研究所有限公司	75
郑州众智科技股份有限公司	50	国网河南省电力公司南阳供电公司	76
河南森源电气股份有限公司	51	第一拖拉机股份有限公司	78
河南润弘制药股份有限公司	52	河南黄志牧业有限公司	79
长葛市华晟电气有限公司	52	永城煤电控股集团有限公司	82
林州市林丰铝电有限责任公司	53	平高集团有限公司	83
卧龙电气南阳防爆集团股份有限公司	53	郑州比克新能源汽车有限公司	84
郑州骏彘汽车科技有限公司	53	河南梦祥纯银制品有限公司	85
郑州思念食品有限公司	53	许继集团有限公司	85
黄河勘测规划设计有限公司	54	许继电气股份有限公司	87
郑州厚德机械设备有限公司	54	中国大唐集团科学技术研究院有限公司华中分公司	95
郑州湛思电子科技有限公司	54	中石化洛阳工程有限公司	95
洛阳北方易初摩托车有限公司	55	中铁工程装备集团有限公司	96
洛阳轴研科技股份有限公司	55	中国烟草总公司郑州烟草研究院	97
郑州锐达信息技术有限公司	55	河南双汇投资发展股份有限公司	100
长葛市和合电气有限公司	56	郑州精益达汽车零部件有限公司	106
风神轮胎股份有限公司	57	中信重工机械股份有限公司	106
郑州旭飞光电科技有限公司	57	郑州日产汽车有限公司	112
河南新科起重机股份有限公司	59	郑州贝斯兰德服饰有限公司	119
郑州中联收获机械有限公司	59	河南省雅宝家俱有限公司	125
河南平高电气股份有限公司	61	中航光电科技股份有限公司	137
许昌金科资源再生股份有限公司	61	郑州鸿宾木艺有限公司	175
河南森源重工有限公司	65	中国建筑第七工程局有限公司	184
三全食品股份有限公司	65	郑州宇通客车股份有限公司	230
河南省天利工业炉有限公司	69	河南中烟工业有限责任公司	332
固始县吴氏家具有限公司	70	郑州德惠纺织科技有限公司	445
灵宝金源矿业股份有限公司	72	西继迅达（许昌）电梯有限公司	548

2016 年河南省企业专利授权量 50 件以上名单

2016 年河南省科研院所专利获权量 10 件以上名单

申请人名称	专利获权量（件）
郑州市蔬菜研究所	10
中国农业科学院郑州果树研究所	11
中国空空导弹研究院	13
黄河水利委员会黄河水利科学研究院	14
河南省计量科学研究院	17
中国地质科学院郑州矿产综合利用研究所	18
河南省农业科学院畜牧兽医研究所	20
河南省电力勘测设计院	34
中国农业科学院农田灌溉研究所	35
中国农业科学院棉花研究所	40
河南省农业科学院	42
郑州机械研究所	46

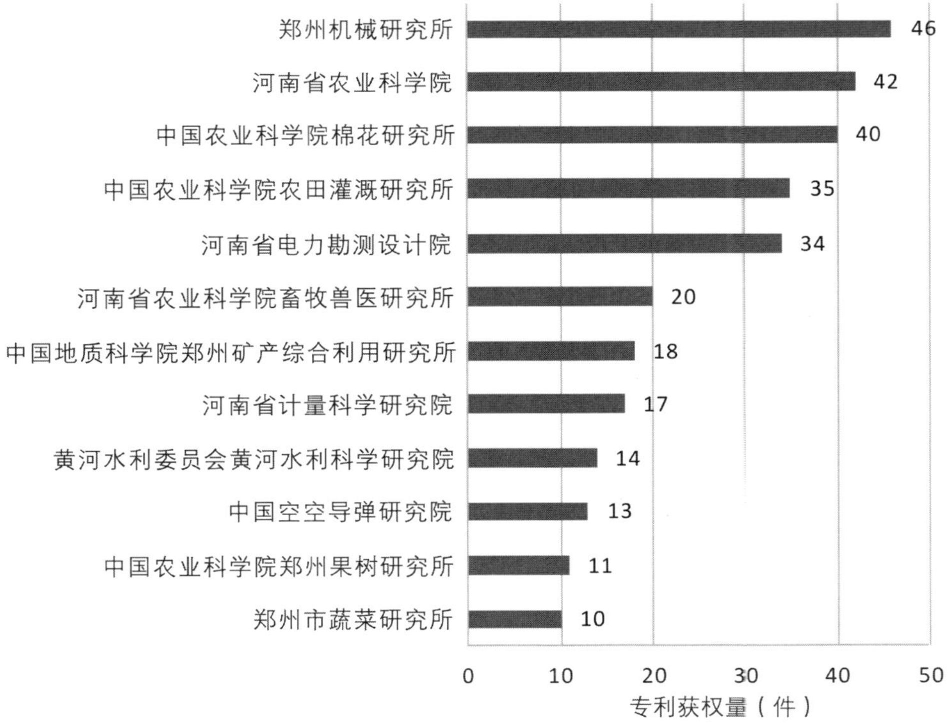

2016 年河南省科研院所专利获权量 10 件以上名单

2016 年河南省高校发明专利授权量 20 件以上名单

申请人名称	专利授权量（件）
安阳工学院	20
洛阳师范学院	22
新乡学院	26
河南工程学院	27
南阳理工学院	28
南阳师范学院	29
河南城建学院	30
新乡医学院	30
黄河科技学院	31
郑州航空工业管理学院	32
许昌学院	38
中国人民解放军信息工程大学	42
河南科技学院	44
河南中医学院	44
河南工业大学	49
河南农业大学	57
郑州轻工业学院	57
河南大学	66
洛阳理工学院	90
中原工学院	94
河南师范大学	103
华北水利水电大学	107
河南理工大学	168
郑州大学	172
河南科技大学	350

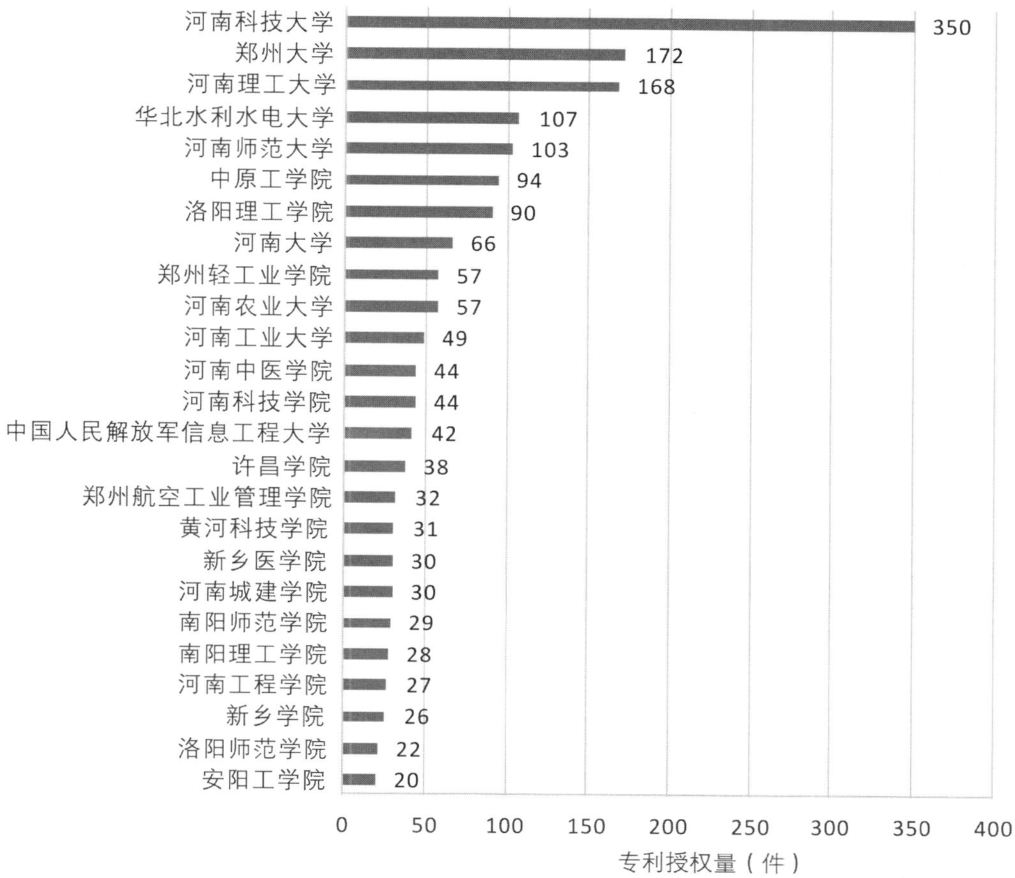

2016 年河南省高校发明专利授权量 20 件以上名单

2016 年河南省科研院所发明专利获权量 5 件以上名单

申请人名称	专利获权量（件）
国家林业局泡桐研究开发中心	5
河南省科学院高新技术研究中心	5
河南省农业科学院畜牧兽医研究所	6
中国人民解放军总参谋部工程兵科研三所	6
河南省农业科学院芝麻研究中心	7
黄河水利委员会黄河水利科学研究院	9
中国空空导弹研究院	9
中国农业科学院农田灌溉研究所	9
中国地质科学院郑州矿产综合利用研究所	14
河南省电力勘测设计院	15
郑州机械研究所	21
中国农业科学院棉花研究所	28
河南省农业科学院	30

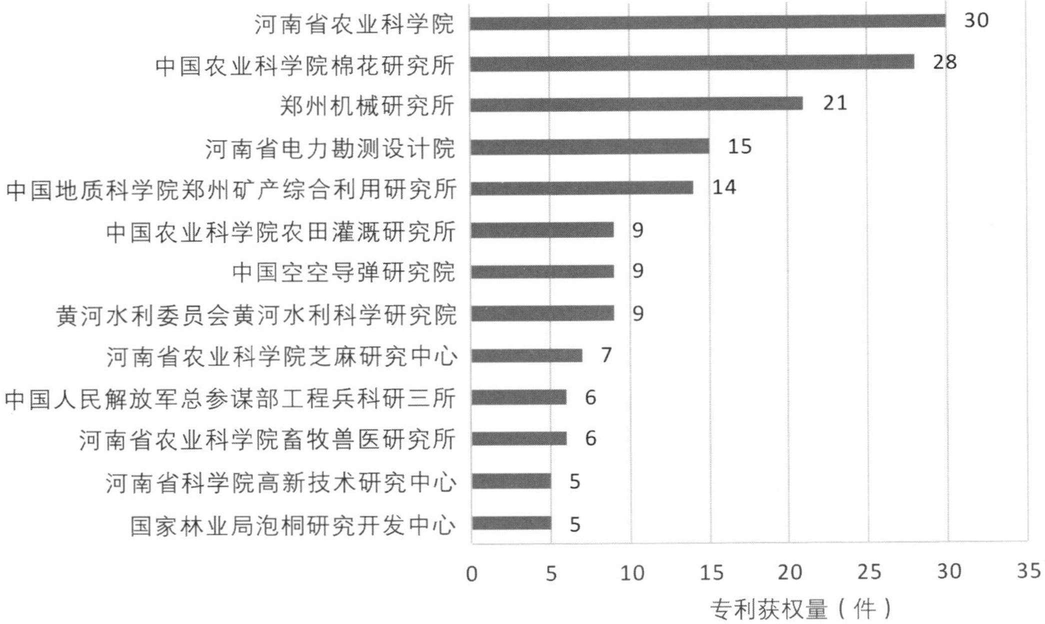

2016 年河南省科研院所发明专利获权量 5 件以上名单

2016年河南省企业发明专利获权量10件以上名单

申请人名称	专利授权量（件）	申请人名称	专利获权量（件）
国网河南省电力公司洛阳供电公司	10	机械工业第四设计研究院有限公司	17
河南航天精工制造有限公司	10	中钢集团洛阳耐火材料研究院有限公司	17
河南省交通规划设计研究院股份有限公司	10	际华三五一五皮革皮鞋有限公司	18
河南易成新能源股份有限公司	10	郑州磨料磨具磨削研究所有限公司	18
洛阳惠中兽药有限公司	10	河南超威电源有限公司	19
洛阳兰迪玻璃机器股份有限公司	10	昌通科技有限公司	20
南车洛阳机车有限公司	10	第一拖拉机股份有限公司	20
平顶山华瑞锦橡耐磨材料有限公司	10	河南平高电气股份有限公司	20
中航锂电（洛阳）有限公司	10	中铁隧道集团有限公司	20
中原内配集团股份有限公司	10	河南龙成煤高效技术应用有限公司	21
河南柴油机重工有限责任公司	11	国网河南省电力公司周口供电公司	22
河南东大矿业股份有限公司	11	普莱柯生物工程股份有限公司	22
河南牧翔动物药业有限公司	11	黄河勘测规划设计有限公司	23
洛阳金诺机械工程有限公司	11	洛阳春魁农业开发有限公司	23
牧原食品股份有限公司	11	郑州精益达汽车零部件有限公司	23
国网河南省电力公司平顶山供电公司	12	国网河南省电力公司南阳供电公司	25
河南联塑实业有限公司	12	河南联合英伟饲料有限公司	25
南阳汉冶特钢有限公司	12	洛阳轴研科技股份有限公司	29
河南省电力公司洛阳供电公司	13	许继集团有限公司	30
联保作物科技有限公司	13	中信重工机械股份有限公司	32
河南省科学院化学研究所有限公司	15	郑州宇通客车股份有限公司	33
黎明化工研究设计院有限责任公司	15	郑州后羿制药有限公司	35
平高集团有限公司	15	中石化洛阳工程有限公司	38
洛阳双瑞特种装备有限公司	16	中铁工程装备集团有限公司	39
南阳防爆集团股份有限公司	16	许继电气股份有限公司	59
中国水利水电第十一工程局有限公司	16	河南中烟工业有限责任公司	68
中色科技股份有限公司	16	中航光电科技股份有限公司	106

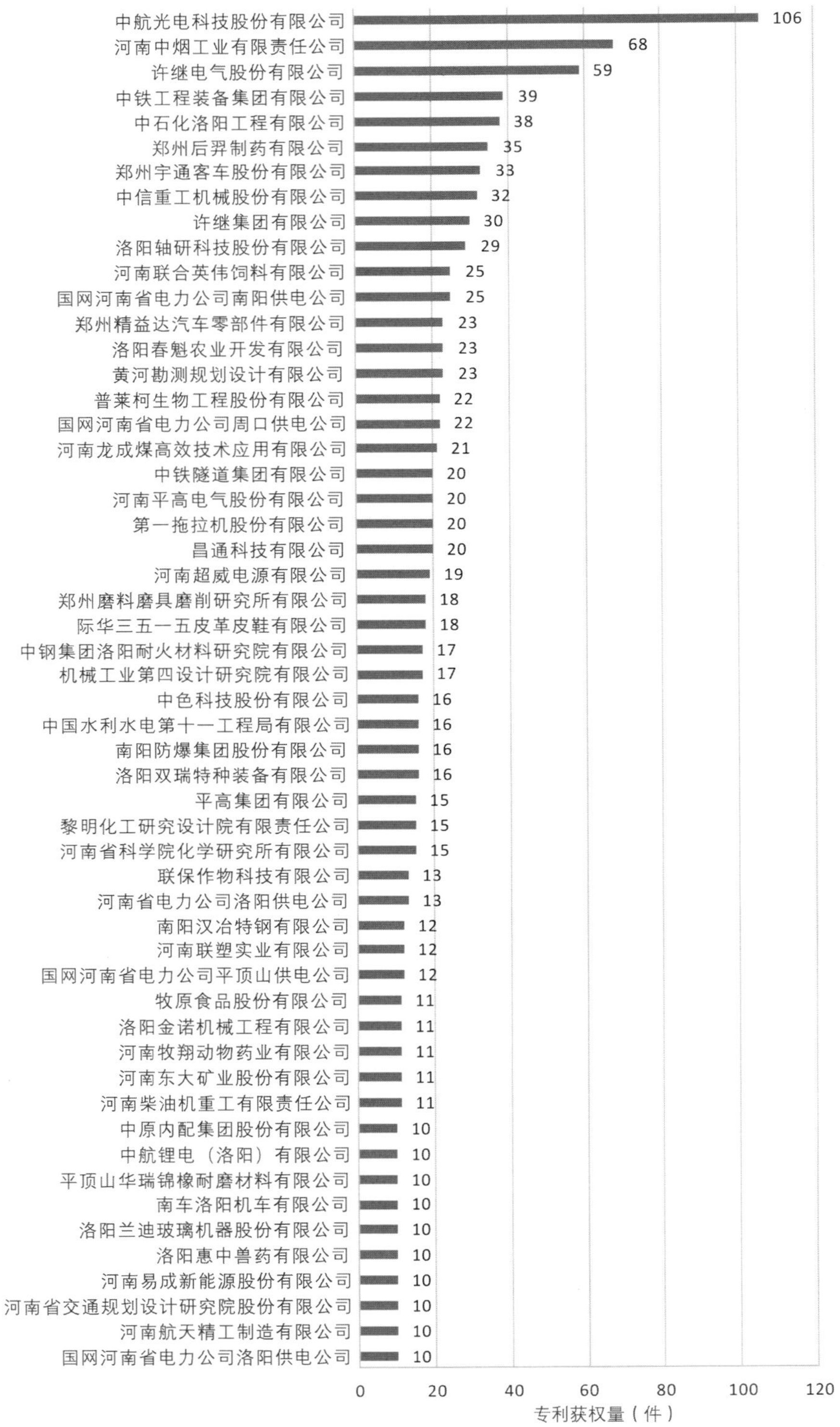

2016 年河南省企业发明专利获权量 10 件以上名单

2016年河南省高校发明专利拥有量20件以上名单

专利权人名称	专利拥有量（件）
河南职业技术学院	20
信阳师范学院	20
安阳工学院	35
华北水利水电学院	39
黄河科技学院	41
南阳师范学院	44
新乡学院	46
郑州航空工业管理学院	46
河南工程学院	49
洛阳师范学院	50
南阳理工学院	51
河南城建学院	52
许昌学院	72
新乡医学院	74
河南科技学院	102
郑州轻工业学院	109
河南工业大学	153
河南中医学院	156
河南农业大学	158
华北水利水电大学	164
洛阳理工学院	186
中国人民解放军信息工程大学	197
河南大学	198
河南师范大学	203
中原工学院	263
河南理工大学	491
郑州大学	525
河南科技大学	975

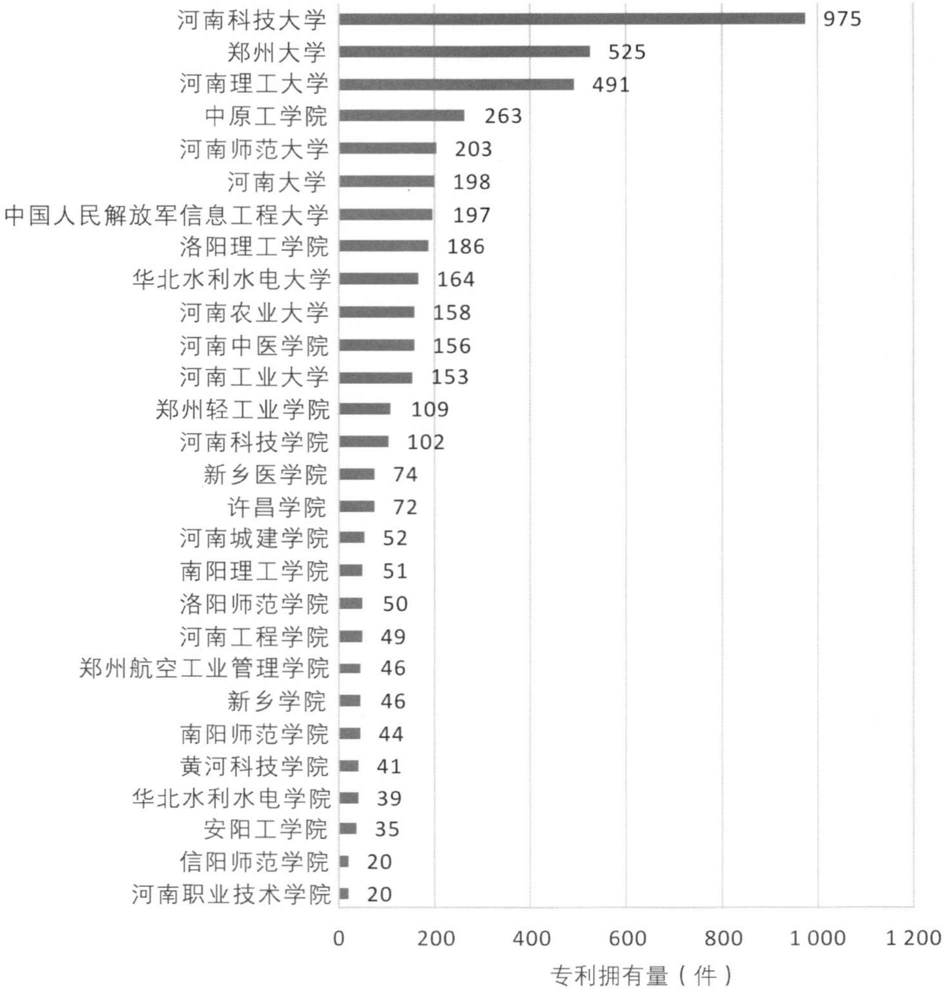

2016 年河南省高校发明专利拥有量 20 件以上名单

2016 年河南省科研院所发明专利拥有量 10 件以上名单

专利权人名称	专利拥有量（件）
河南电力试验研究院	10
河南省农业科学院植物保护研究所	12
黎明化工研究院	12
郑州市康健电子产品研究所	12
国家数字交换系统工程技术研究中心	14
上海交通大学中原研究院	15
中国空空导弹研究院	17
中国人民解放军总参谋部工程兵科研三所	17
黄河水利委员会黄河水利科学研究院	21
河南省科学院高新技术研究中心	27
中国地质科学院郑州矿产综合利用研究所	29
国家林业局泡桐研究开发中心	32
河南省电力勘测设计院	33
中国农业科学院农田灌溉研究所	49
郑州机械研究所	69
河南省农业科学院	90
中国农业科学院棉花研究所	92

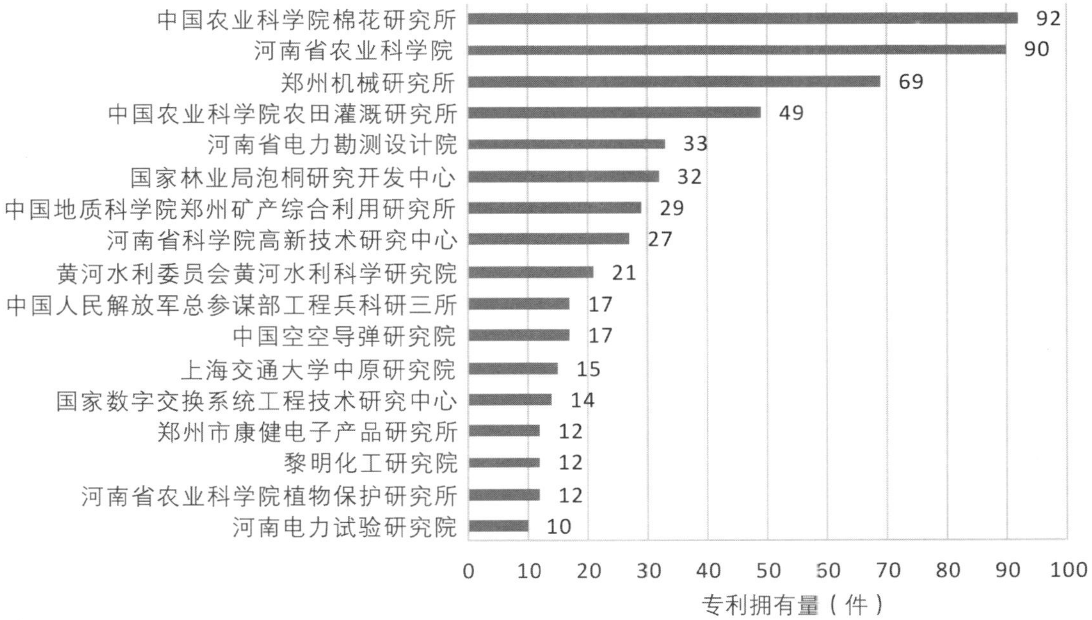

2016 年河南省科研院所发明专利拥有量 10 件以上名单

2016 年河南省企业发明专利拥有量 30 件以上名单

专利权人名称	专利拥有量（件）	专利权人名称	专利拥有量（件）
河南柴油机重工有限责任公司	31	河南省科学院化学研究所有限公司	44
河南牧翔动物药业有限公司	31	洛阳金诺机械工程有限公司	44
河南省电力公司洛阳供电公司	31	洛阳双瑞特种装备有限公司	44
河南豫光金铅股份有限公司	31	乐凯华光印刷科技有限公司	46
金龙精密铜管集团股份有限公司	31	第一拖拉机股份有限公司	47
中铁十五局集团有限公司	31	多氟多化工股份有限公司	47
昌通科技有限公司	32	国网河南省电力公司电力科学研究院	47
河南龙成煤高效技术应用有限公司	32	洛阳佳嘉乐农产品开发股份有限公司	47
中南钻石有限公司	32	洛阳兰迪玻璃机器股份有限公司	52
卡特彼勒（郑州）有限公司	33	南阳汉冶特钢有限公司	56
洛阳惠中兽药有限公司	33	舞阳钢铁有限责任公司	58
西峡龙成特种材料有限公司	33	中国航空工业集团公司洛阳电光设备研究所	58
郑州光力科技股份有限公司	33	洛阳春魁农业开发有限公司	61
中原特钢股份有限公司	33	河南平高电气股份有限公司	63
河南新飞电器有限公司	35	河南后羿实业集团有限公司	65
河南中光学集团有限公司	35	中铁工程装备集团有限公司	65
洛阳中冶重工机械有限公司	35	中色科技股份有限公司	68
中原内配集团股份有限公司	35	联保作物科技有限公司	72
际华三五一五皮革皮鞋有限公司	36	平高集团有限公司	72
河南凯瑞数码股份有限公司	37	黄河勘测规划设计有限公司	77
河南汉威电子股份有限公司	38	普莱柯生物工程股份有限公司	80
洛阳双瑞精铸钛业有限公司	38	郑州比克电池有限公司	80
河南超威电源有限公司	39	郑州宇通客车股份有限公司	80
南阳防爆集团股份有限公司	39	中铁隧道集团有限公司	92
黎明化工研究设计院有限责任公司	40	许继集团有限公司	102
郑州精益达汽车零部件有限公司	40	中钢集团洛阳耐火材料研究院有限公司	112
中国一拖集团有限公司	40	中国船舶重工集团公司第七二五研究所	147
中国移动通信集团河南有限公司	40	河南中烟工业有限责任公司	151
河南省西保冶材集团有限公司	41	许继电气股份有限公司	155
凯迈（洛阳）机电有限公司	41	中石化洛阳工程有限公司	169
河南省淇县永达食业有限公司	42	中信重工机械股份有限公司	179
河南卓立膜材料股份有限公司	42	洛阳轴研科技股份有限公司	233
河南省康星药业股份有限公司	43	中航光电科技股份有限公司	308
郑州威科姆科技股份有限公司	43	中国烟草总公司郑州烟草研究院	399

2016 年河南省企业发明专利拥有量 30 件以上名单

2016年河南省高校发明专利申请量100件以上名单

申请人名称	专利申请量（件）
河南城建学院	105
新乡医学院	110
洛阳理工学院	118
中原工学院	126
郑州轻工业学院	145
河南科技学院	151
中国人民解放军信息工程大学	151
南阳师范学院	154
黄河科技学院	165
河南工程学院	176
河南大学	177
郑州航空工业管理学院	177
河南农业大学	187
华北水利水电大学	217
河南工业大学	233
许昌学院	280
河南科技大学	295
郑州大学	413
河南师范大学	509
河南理工大学	535

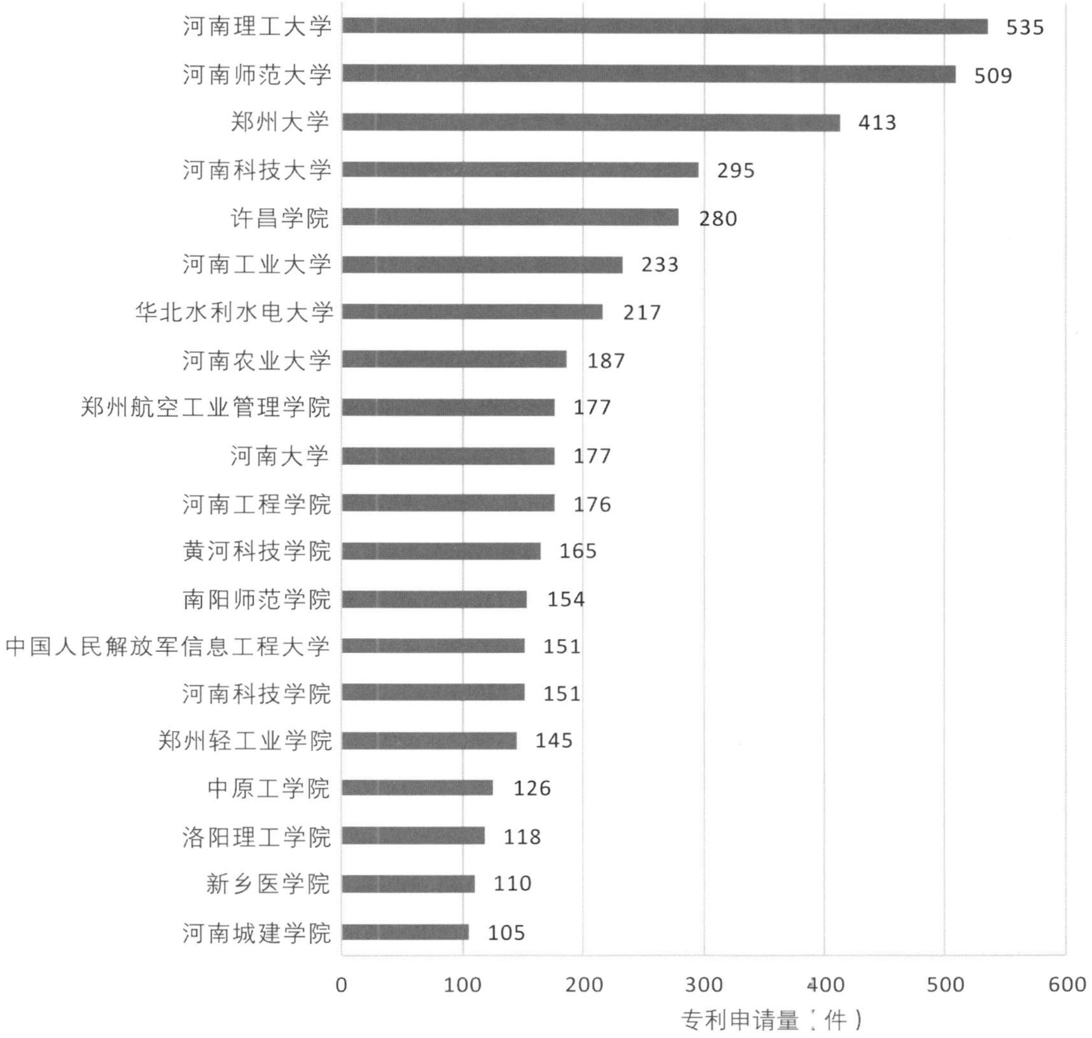

2016 年河南省高校发明专利申请量 100 件以上名单

2016 年河南省科研院所发明专利申请量 20 件以上名单

申请人名称	专利申请量（件）
郑州机械研究所	20
中国农业科学院郑州果树研究所	28
中国船舶重工集团公司第七一三研究所	29
中国农业科学院农田灌溉研究所	30
国家林业局泡桐研究开发中心	33
河南省农业科学院	44
中国农业科学院棉花研究所	50
国网河南省电力公司电力科学研究院	51
中国烟草总公司郑州烟草研究院	105
中国航空工业集团公司洛阳电光设备研究所	108

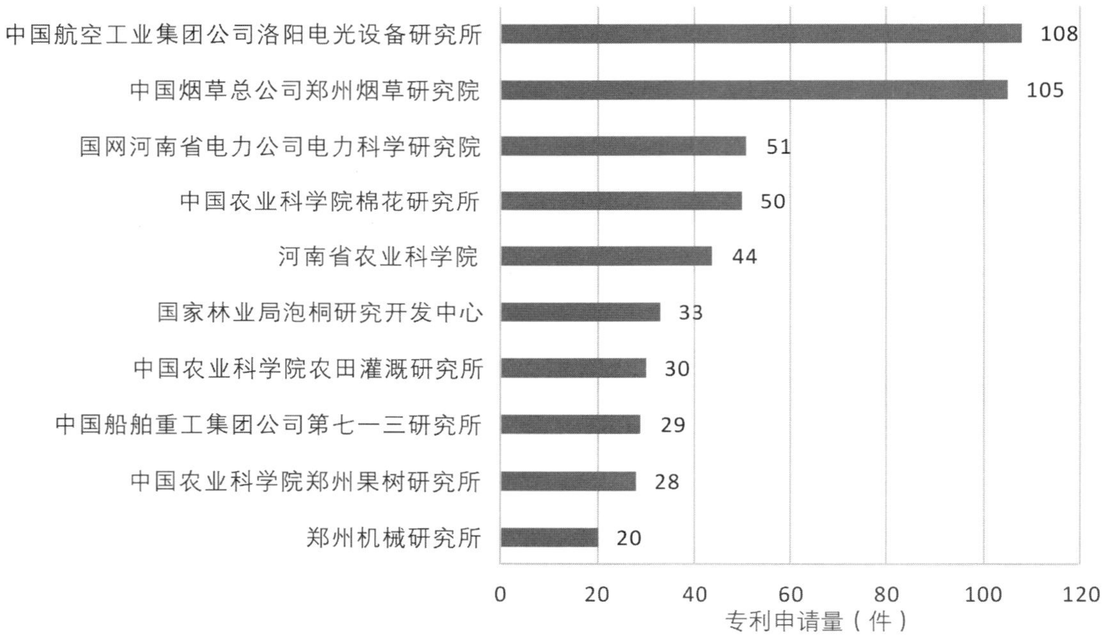

2016 年河南省科研院所发明专利申请量 20 件以上名单

2016 年河南省企业发明专利申请量 50 件以上名单

申请人名称	专利申请量（件）
洛阳轴研科技股份有限公司	50
郑州经度知识产权代理服务有限公司	50
禹州市远大塑料电器有限责任公司	51
登封市科技企业孵化服务中心	52
郑州特别有效营销管理咨询有限公司	52
舞阳钢铁有限责任公司	54
登封市老拴保肥料有限公司	55
郑州景鸿畜牧科技有限公司	55
西继迅达（许昌）电梯有限公司	56
郑州欧印数字科技有限公司	60
中信重工机械股份有限公司	62
河南智金网络技术有限公司	65
中铁工程装备集团有限公司	65
河南海纳德新材料有限公司	70
郑州蓝视科技有限公司	80
河南智联寰宇知识产权运营有限公司	85
国网河南省电力公司南阳供电公司	90
郑州思辩科技有限公司	92
河南平高电气股份有限公司	96
河南水晶头文化传媒有限公司	99
河南微服网络科技有限公司	99
郑州掌盟网络科技有限公司	99
河南八灵电子科技有限公司	100
河南时代云通信技术有限公司	100
郑州吉音动漫科技有限公司	100
郑州天舜电子技术有限公司	100
郑州艾莫弗信息技术有限公司	101
郑州北斗七星通讯科技有限公司	101
郑州搜趣信息技术有限公司	101
新乡市振英机械设备有限公司	103
郑州峰泰纳米材料有限公司	103
郑州郑先医药科技有限公司	110
郑州仁宏医药科技有限公司	111
郑州游爱网络技术有限公司	111
郑州莉迪亚医药科技有限公司	120
郑州源冉生物技术有限公司	120
郑州诚合信息技术有限公司	121
郑州丽福爱生物技术有限公司	122
郑州宇通客车股份有限公司	137
河南中烟工业有限责任公司	138
许昌许继软件技术有限公司	153
平高集团有限公司	214
中航光电科技股份有限公司	222
许继电气股份有限公司	267
许继集团有限公司	370
郑州云海信息技术有限公司	846

2016 年河南省企业发明专利申请量 50 件以上名单